"中国劳模"系列丛书

扎根库区的"摆渡人"
王值军

贾艳芳◎著

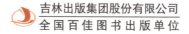

吉林出版集团股份有限公司

全国百佳图书出版单位

图书在版编目（CIP）数据

扎根库区的"摆渡人"：王值军 / 贾艳芳著.
长春：吉林出版集团股份有限公司，2024.9. --（"
中国劳模"系列丛书 / 徐强主编). -- ISBN 978-7
-5731-5388-3

Ⅰ. K826.16

中国国家版本馆CIP数据核字第20241NP799号

ZHAGEN KUQU DE "BAIDU REN" : WANG ZHIJUN

扎根库区的"摆渡人"：王值军

出 版 人　于　强
主　　编　徐　强
著　　者　贾艳芳
组稿统筹　东北师范大学文学院创意写作研究中心
责任编辑　金　昊
装帧设计　张红霞

出　　版　吉林出版集团股份有限公司
发　　行　吉林出版集团社科图书有限公司
地　　址　吉林省长春市南关区福祉大路5788号　邮编：130118
印　　刷　唐山富达印务有限公司
电　　话　0431-81629711（总编办）
抖 音 号　吉林出版集团社科图书有限公司　37009026326

开　　本　710 mm×1000 mm　1 / 16
印　　张　9
字　　数　100 千字
版　　次　2024 年 9 月第 1 版
印　　次　2024 年 9 月第 1 次印刷

书　　号　ISBN 978-7-5731-5388-3
定　　价　55.00 元

序 言

　　劳动创造财富，劳动创造幸福，劳动创造未来。习近平总书记在2020年全国劳动模范和先进工作者表彰大会上的讲话中指出："全社会要崇尚劳动、见贤思齐，加大对劳动模范和先进工作者的宣传力度，讲好劳模故事、讲好劳动故事、讲好工匠故事，弘扬劳动最光荣、劳动最崇高、劳动最伟大、劳动最美丽的社会风尚。"当今世界，综合国力的竞争归根到底是科技人才和高素质劳动者的竞争。改革开放以来，我们强大的工人队伍用辛勤的劳动和拼搏奉献的精神推动中国制造、中国智造、中国创造走向世界的前列，新时代的中国面貌日新月异。大力弘扬劳模精神、劳动精神、工匠精神，加强高素质技能人才队伍建设，打造一支宏大的知识型、技能型、创新型劳动者队伍，是伟大时代赋予我们的历史责任。

　　劳动模范是民族的精英、人民的楷模，是共和国的功臣。自改革开放以来，广大职工勇立改革潮头，独立自主，奋发图强，勇于创新，其中涌现出一批批全国劳模和大国工匠。他们参与建设了代表中国高度、中国速度、中国深度的一系列重大工程，提升了国家实力，打造了"中国名片"，树立了"中国品牌"，增添了"中国力量"，充分释放出工人阶级的创新活力，展示出大国工匠的强大创造力。他们以工人阶级的满腔热忱在各自平凡的工作岗位上取得了辉煌的成绩，书写了新时代的壮丽篇章。

爱岗敬业、争创一流、艰苦奋斗、勇于创新、淡泊名利、甘于奉献的劳模精神，崇尚劳动、热爱劳动、辛勤劳动、诚实劳动的劳动精神和执着专注、精益求精、一丝不苟、追求卓越的工匠精神，是广大劳动群众在社会生产实践中锤炼形成的弥足珍贵的精神财富，是工人阶级伟大品格的具体体现，是民族精神和时代精神的生动诠释。民族复兴需要劳动模范，祖国强盛需要大国工匠，中国制造、中国智造、中国创造更需要大国工匠的强有力支撑。劳模、工匠等的成长故事、先进事迹中承载的劳模精神、劳动精神和工匠精神，是激励全国各族人民团结奋斗、勇往直前的强大精神力量。

"中国劳模"系列丛书，采用图文结合的方式，讲述全国劳模、大国工匠和先进工作者们的成长经历及他们追梦、筑梦、圆梦的故事，用他们在平凡岗位上创造不平凡业绩的真实故事感染读者，推动形成劳动最光荣、劳动最崇高、劳动最伟大、劳动最美丽的社会风尚，引导广大技术工人和青少年形成劳动光荣、技能宝贵、创造伟大的观念。

"匠心筑梦，强国有我。"新时代是一个万象更新、生机勃勃的时代，也是一个继往开来、创新创业和建功立业的大时代。希望广大读者能以劳动模范为榜样，以大国工匠为楷模，立志技能报国、技术强国，踔厉奋发，勇毅前行，锤炼思想品格，汲取劳动智慧，勇于担当、勤于钻研、甘于奉献，为推进新型工业化和乡村振兴，为加快建设制造强国、质量强国、航天强国、交通强国、网络强国、数字中国、农业强国，全面建设社会主义现代化国家贡献青春力量。

中华全国总工会副主席（兼）

中国航天科技集团有限公司第一研究院

211厂14车间高凤林班组组长

2022年11月

扫码解锁

◉群英颂歌 ◉责任担当
◉扎根基层 ◉奋斗底色

传主简介

　　王值军，1976年3月出生，中国共产党党员，湖北省咸宁市崇阳县青山镇库区尺冲教学点（现尺冲小学）教师，2022年4月荣获全国五一劳动奖章。

　　1995年，19岁的王值军从蒲圻师范学校毕业以后，被分配到湖北省咸宁市崇阳县青山镇库区楠木坑教学点进行教学，从此他便扎根库区，为库区孩子奉献着自己的青春和热血。后来，在崇阳县青山镇盘山教学点任教时，由于盘山教学点三面环水，许多学生需要乘船上学，王值军便自费购买船只，化身船夫，摇船接送学生；在尺冲教学点任教时，有的学生住得离学校很远，路途艰辛，王值军便开车早接晚送。正因如此，媒体称他为"大山里的摆渡人"。现如今，王值军已经扎根在崇阳县青山库区从事一线教育工作长达29年。

　　一心热爱教育事业的王值军，在教学工作岗位上兢兢业业，勤恳付出，在他的悉心照料与全力培养下，只有800多村民的库区小山村走出了近50名大学生。

2012年9月，王值军被咸宁市政府评为"模范农村教师"。

2016年9月，湖北省电视台拍摄"坚守库岛的摆渡人"王值军专题片。

2017年8月，王值军荣获湖北省"十佳师德标兵"称号、湖北省五一劳动奖章。2017年12月，央视《朝闻天下》栏目播出"大山里的摆渡老师"王值军专题片。同月，王值军荣获湖北省"荆楚楷模"称号。

2020年12月，王值军荣获咸宁市道德模范奖、全国乡村教师奖。

2021年9月，王值军被评为湖北省"荆楚好老师"。

2022年4月，王值军荣获全国五一劳动奖章，8月被评为湖北省特级教师。

2023年，王值军被评为"中国好老师""中国好人"。

"做讲良心的事，说有品质的话，培育有道德的人，这是我一直以来的教学目标。"从业29年以来，王值军始终用实际行动践行着自己的教师梦。"不管我在哪里，只要能让我教书，这就是最好的。"多年来，他勤俭节约、不畏艰难、善良守正、不忘初心，是学生的"摆渡人"，是师之楷模，更是时代脊梁。

目　录

扫码解锁

◉群英颂歌◉责任担当
◉扎根基层◉奋斗底色

第一章　天生我材必有用

扫码解锁

◉群英颂歌◉责任担当
◉扎根基层◉奋斗底色

忙碌的父亲

　　1976年3月27日黎明时分，湖北省崇阳县高枧乡桃花村村民王炎家中传来了一阵婴儿的啼哭声，哭声清脆响亮，这个婴儿似乎在向世界宣告着自己的到来。王值军出生了。他生长在一个八口之家，家里除了父母，还有五个兄弟姐妹，家里人口较多，家境也不富裕，父母都是农民，以种田为生，全家人生活得很艰苦。常言道，父母是孩子的第一任教师。尽管家庭贫困，王值军的父母却尽自己的能力给了他最好的教育，尤其是他的父亲，以身作则，言传身教，塑造了王值军良好的品格。

　　王值军的父亲王炎生出生在旧社会，生长在一个动荡不安的年代，经历了战乱、忍受了饥饿，童年的生活十分凄苦。王炎14岁就开始外出做工，承担起养家糊口的重任，经受着生活的洗礼。王值军出生后，王炎身上的担子更重了，为了解决一家人的温饱问题，他每天早出晚归，辛苦劳作，一点儿也不敢懈怠，哪怕寒风刺骨、酷暑难耐，他也从未停止劳作，就像一头老黄牛，默默为整个家庭奉献着。

小时候的王值军不理解父亲为什么每天都那么忙，像陀螺一样不停地转，他渴望父亲能休息一下，陪自己玩一会儿，或者像别人的父亲那样，给自己讲一些童话故事。但这温暖的情景从未发生在小值军身上，父亲的忙碌在小值军看来就是个谜——他实在不能理解。有一天，小值军实在忍不住了，便问父亲："爸爸，您能休息一下陪我写会儿作业吗？"

"不行啊，孩子，爸爸得去地里干活儿。"父亲不善言辞，只好据实相告。

"为什么总要去地里干活儿啊？"小值军问。

"爸爸得去种地，养活一家大小八口人呢！"父亲无奈说道。

"那今天可以休息一天吗？"小值军恳求道。

"爸爸也想休息，但是孩子，我只有辛勤劳作才养得起家，穷苦只在一时，只要坚持，一切都会好起来。"父亲语重心长地说。说罢，便向田里走去。被拒绝的小值军颇为无奈，他只好在心里默默发誓："我以后一定要成为一个有本事的人，让爸爸不那么忙，有时间陪我。"但他不知道，"勤以养家"的理念已经在自己的心中生了根，发了芽。

偶像廖成印

每一个人都有偶像，偶像是人们前行道路上的榜样和指路明灯。

童年时期，父亲勤奋苦干、吃苦耐劳的形象深深地影响了王值军，这也塑造了他不怕苦、不怕累、勇于拼搏和用心钻研的好品质。也是在父亲的影响下，小值军有了自己的偶像。

有一次，向来忙碌的父亲要带小值军去亲戚家做客，小值军高兴坏了，连忙让母亲给自己换上干净的衣服，拿上礼物，跟着父亲便往亲戚家走去。亲戚热情地将二人迎进屋里。刚一进屋，父亲就站在一张大合照前，仿佛定住了般，一动也不动。父亲向来有礼貌，害怕给别人添麻烦，但这次父亲却好像忘记众人般，只顾看眼前的那张合照，这对小值军来说，可是一件不可思议的事儿。他也跟着父亲站在原地，直愣愣地盯着父亲，只见父亲认真端详了好一会儿之后，喃喃自语道："多希望自己可以在种地上取得这样的成就啊！"父亲呢喃的声音过于低沉，以至于小值军并没有听清，他不禁问道："爸爸，您在说什么啊？"

父亲并没有直接回答，而是难得地给小值军讲了一个故事：在湘鄂赣三省交界的地方，有一片林场。这个林场原来的效益非常好，很多人在这里讨生活，但由于砍伐过度，森林资源逐渐枯竭，林场逐渐萧条，工人的收入也逐渐减少。为了养家糊口，工人们都想方设法离开这里，有的工人被调到其他林场工作，有的工人干脆远离家乡，外出务工，另谋出路。只有一个老职工，对这个林场很眷恋，不舍得离开这个曾经养育自己的林场，便化身护林员，守护着这里。每天天不亮，这个老职工就扛着锄头，带着树苗和午饭，默默地往林子里走去，挖坑、栽树苗、填土、浇水，每一项工作都做得认真细致，生怕浪费一棵小树苗。这一干就是20年，在他退休的时候，他已经将一个小林场建设成了万亩大林场，并且将它无偿地献给了国家。他就是20世纪70年代全国林业劳动模范——廖成印。故事讲完后，父亲又说道："这张照片，就是他与毛主席在人民大会堂前的合影，原图有7米长呢，能被毛主席接见可是大福气呢。要是能成为他那样的人就好了。"

此时的王值军还小，对一个人守着万亩林场这件事的难度并没有什么概念，只知道那个林场肯定很大，不由得问道："爸爸，那么大的一个林场，就他一个人生活，他不孤独吗？"

"应该不会孤独吧，一个人只要心中有理想，有奔头，就不会觉得孤独。"父亲说。

"爸爸，他可真厉害，长大以后，我也要成为他那样不怕孤独的人。"小值军一脸认真地说。

"好的，爸爸相信你，只要你有梦想，有目标，坚持不懈，你就可以享受孤独，因为一个真正的男人是要忍受孤独的。"父亲鼓励道。

那时的小值军就将廖成印当成了自己的偶像，他心里想："我要向廖爷爷学习，将来成为一个不怕孤独的人！"

多年以后，王值军仍然记得有关廖成印的故事，以及父亲讲故事时眼里闪耀着的崇拜的光。

走错教室

1983年，小值军7岁，是该上小学的年纪了。

那天天气很好，秋高气爽，田里的庄稼呈金黄色，随风飘摇，漂亮极了。小值军跟往常一样，早早起床洗漱，在吃完早饭后，父亲便带着他们姐弟三人，走了很远的路，来到了高枧乡桃花小学。

那时候的学校还不够完善。小值军要上的桃花小学更为独特，是在一个四合院里，学校里的老师也很少，只有一两个。上学当然要先交学费了，但在那个年代交学费可不是一件简单的事儿，毕竟在当时的农村，可以拿出足够多的钱给孩子上学的家庭非常少，大多数孩子上学的学费是用给老师做小工得到的工钱相抵的，小值军亦不例外。在父亲与校长安排好学费事宜后，便到了激动人心的时刻——找教室。

王值军的姐姐们已经在这里读书几年了，很快就找到了自己的教室，而小值军是第一次来学校，只能被父亲拉着找教室。校园虽然不大，但乡村小学的班级教室标识并不完善，再加上父亲不识字，爷儿俩找起教室来就跟探险一样，走了一圈又一圈，就是没找到。好不容易，父亲看到一个班级的孩子与小值军看上去年龄相仿，便带着小值军走了进去，没想到还是走错了，来到了四年级的班级。班级里的孩子看见他们走错了教室都笑了起来，有些调皮的孩子甚至吆喝道："哈哈哈，他们找错了，找错了！"

"就是就是，那么大人了，还找错教室，太笨了！"

那时的小值军还小，不懂得害羞，也不知道哥哥姐姐们在笑些什么，只记得父亲满脸通红，站在原地不知所措，局促不安得连手都不知道往哪里放，还是一位老师循着笑声找过来，将他和父亲"救"了出来，帮他们找到了一年级的教室。待老师给小值军安排位置、发放书本、安顿好以后，父亲也准备离开了。在走之前，父亲弯下腰，直愣愣地看了小值军很久，然后摸了摸他的头，对他说："你在学校要好好学习，听老师话，不要开小差、打马虎眼。要多学知识，不能像我一样，什么字也不认识，现在不识字以后是会被人笑话的。你看，爸爸就是因为不认识字，刚才才会走错教室，闹出笑话，你在学校要好好认字，长大才会有出息，不被人笑话，知道吗？"

刚入学的小值军看到班级里有这么多的同龄人，正兴奋着，并不能完全明白父亲话语中的深意。但小值军向来听话，他连忙答道："我知道了，爸爸，我会好好学习的！"

就这样，他的小学生涯在父亲第一次送他到学校，叮嘱他好好学习之后，就正式开始了。王值军自小就以父亲为榜样，尽管他一时听不懂父亲的话语，但他仍努力兑现着对父亲的承诺。课上，他认真听讲，仔细做笔记，积极举手发言回答老师的问题，一丝都不敢懈怠；课间和午休时间，他抓紧时间整理笔记，完成老师布置的课堂作业；放学回到家，他在完成作业后，会尽力帮母亲做一些力所能及的活儿，减轻父母生活上的压力；晚上睡觉前，他会复习当天所学习的知识，做到温故知新，也会提前预习第二日的课程，养成自主学习的好习惯。除了学习成绩好以外，小值军还是班级里的热心肠，同学们只要遇到问题，就会找小值军帮忙解决，学校里的老师和同学都喜欢他，小值军也毫不意外地登上了桃花小学的光荣榜，成为全校学生的小榜样。

眨眼间，6年一晃而过。带着父母对他的美好期盼，小值军以优异的成绩从小学毕业了，给自己的小学生涯画上了一个完美的句号。拿到小学毕业证的那一刻，小小少年昂首阔步，像只斗胜的小公鸡一般，蹦蹦跳跳地向爸爸妈妈、哥哥姐姐、亲朋好友展示自己的毕业证，那时的他骄傲极了。

梦想起航的地方

1989年秋，在父母的大力支持和兄弟姐妹的鼎力帮助下，王值军进入初中，开始学习新的文化知识。高枧中学离家很远，而且交通不便，这意味着王值军每天很早就要起床步行到学校。尽管经历了很多困难，但初中生活对王值军而言，仍是非常宝贵的经历。在王值军的初中生活中，有一个让他终生佩服的人，这个人就是王正贵校长。

王正贵是高枧中学的校长，他热爱教育事业。在20世纪80年代，王校长坚守教师岗位，引导当地一代又一代的年轻人学习专业文化知识，为当地的教育事业做出了突出贡献。王正贵作为一名校长，跟其他的校长很不一样，在王值军读书的时候，王校长的年龄就稍微有点儿大了，但年长的他格外慈祥亲切。王校长是一名小儿麻痹症患者，身患残疾行动不便。但作为一名人民教师，为了在自己热爱的教育事业中贡献更多的力量，他想了很多办法来减轻自己的不适。爬楼梯便是王校长缓解不适的好办法。无论是严冬还是酷暑，王校长都坚持在学校爬楼梯锻炼身体，日复一日，年复一年，从未间断。王值军很不解，他不禁想："王校长年纪大了，而且身体不便，应该多休息，为什么还要爬楼梯呢？"

有一次下课，正好楼梯间里只有王值军和王校长两个人，王值军按捺不住心里的好奇，不禁问道："王校长，您为什么每天爬楼梯啊？"

"老师身体不好，得锻炼身体啊！"王校长向来平易近人，面对学生的提问，他如实答道。

"王校长，今天这么热，您就稍微停下来休息休息吧！"

"孩子，不能停。任何事情都是如此，一旦停下来就不想干了，爬楼梯也一样。今天想着天气热休息一天吧，明天想着下雨了休息一天吧，渐渐地，借口就会越来越多，人也会越来越懒，最后只想躺在家里，什么都不想干。所以说啊，人一旦有了目标，就要坚持下去，不能懈怠。"王值军听着王校长的话，沉默不语，若有所思。

"值军啊，你将来想干什么啊？有目标吗？"王校长打破沉默问道。

"我现在还没有想得很清楚，但如果可以的话，我想成为像您一样的好老师。"

"哦？为什么想当老师啊？"王校长笑着问道。

"我觉得成为老师以后，可以像您一样教书育人，让每一个学生都懂知识，讲礼貌，成为一个好人，一个对社会有用的人！"

"哈哈哈，好孩子，真是个好孩子啊！老师相信你一定能成功，你要努力啊！"王校长鼓励道。

"好的，校长，我会努力的！那校长，我现在就和您一起爬楼梯，一起锻炼身体，为以后当老师做准备。"说罢，王值军便放下手里的东西，和王校长一起爬起楼梯来。

这次与王校长的交流，给王值军留下了深刻的印象，也是从这时起，"成为一名优秀的人民教师"便成为王值军的梦想，他也为此不断努力着。

王校长不畏难、坚持不懈的精神更是鼓舞了王值军，使他在物资匮乏的年代，即便食不果腹，也从未想过放弃读书，他不断学习文化知识，用理论武装头脑，用知识充实自己。

那一顿难忘的红烧肉

1992年6月，王值军迎来了人生中第一场大考——中考。那年中考的考场设在苏塘镇，距离位置偏远的高枧中学有40公里左右，走路过去的话至少需要6个小时。考试在上午，如果考试当天赶路的话，肯定是来不及的。为了保障孩子们按时参加这次考试，王正贵校长计划带领参加考试的学生们提前一天到镇上做准备。

"同学们，明天就要奔赴考场，迎接你们人生中第一场大考了，你们有没有信心？"王校长看着即将奔赴考场的孩子们，做着最后的动员。

"有！"众学子高声喊道。

"十年寒窗无人问，一朝成名天下知。对于你们来说，学习是改变人生的最佳路径，这条路虽然艰辛，但总要给自己一次拼搏的机会。王老师相信你们每一个人都能认真对待中考，也希望你们每一个人都能取得成功。接下来，请所有同学准备好自己的行李，一会儿放到拖拉机上，我们马上就要出发了。"当时交通设施并不完善，高枧乡与苏塘镇并未通客车，学生也比较多，王校长没办法为学生们安排车，因此他雇用了一个农用拖拉机帮学生们运送行李，学生们则需要自己走路到苏塘镇。

"准考证和考试用品千万别落下。"王校长看着来回跑着装行李的学生，不禁嘱咐道。

"知道了，校长。"学生们回答道。

随着王校长的一声令下，同学们拿上自己的水壶，像进京赶考的学子们一样，向几十公里以外的苏塘镇出发。

几十公里的路途对于山里的孩子来说并不算远，一路上王值军和小伙伴们说说笑笑好不热闹，在追逐打闹之间甚至消除了考试所带来的紧张感，王校长也乐在其中，并没有阻止调皮的孩子们，只是适时进行一些提醒。

终于到了镇上，王校长带着王值军和其他考生来到提前定好的地方住下。看着充满青春气息的孩子们，王校长高兴地说道："孩子们，明天你们就要上战场了，你们辛苦了这么多年，终于要交出满意的答卷了。明天这场考试对你们来说意义非凡，我今天也给大家准备了惊喜——我们的食堂大师傅已经提前来了，并且给我们准备了美味佳肴，请同学们拿上自己的餐盒去打菜吧！"听说有美食，学生们欣喜若狂，一窝蜂跑过去打菜。果不其然，今天的饭菜格外诱人，主食是白米饭，还有油炸茄子和红烧肉。

"哇，大餐啊，还有红烧肉呢！"学生们幸福地向身边的伙伴们展示着自己的美食。

"是的，这个晚餐是我专门让食堂大师傅帮忙做的，同学们好好享用，明天好好考，别辜负了师傅的劳动和家人的期盼。"王校长说道。

在今天看来，白米饭、油炸茄子、红烧肉肯定算不上大餐，但在那个年代，对长年以红薯玉米杂粮饭为主食的学生来说，白米饭已经算得上是美味佳肴了，红烧肉更是只有过年才能吃到的"硬菜"，学生们兴奋不已，纷纷小心翼翼地捧着自己的饭盒准备享用这难得的大餐。但没想到的是，食堂大师傅一个人不仅要烧柴，还要做几十个人的饭菜，害怕忙不过来，就提前将米饭煮好了，分盛到每个学生的饭盒里，又害怕被蚊蝇污染，就用饭盒盖将煮好的米饭给盖上了，天气炎热，等到菜做好时，米饭竟有了一丝馊味儿。但大家毫不在意，在那个年代，能吃上炒茄子已经不易，而现在不仅有油炸茄子，还有红烧肉，谁还会在意米饭那点儿馊味儿呢？王值军也一样，他捧着饭盒狼吞虎咽，时不时地还和同学们笑着谈论红烧肉的味道，开心极了。

⊙ 1992年6月，王值军（四排左一）从高枧中学毕业

择校难题

人这一生，选择真的很重要。

紧张刺激的中考终于结束了，在家人的期盼中，王值军的中考成绩也终于出来了。不负众望，他的中考成绩十分优异。但摆在面前的是新的问题——是去普通高中还是去中等师范学校。王值军一时拿不定主意，他只好向王正贵校长求助。王校长了解了王值军的困惑以后，向他普及了一下普通高中与中等师范学校的区别，并大力鼓励王值军报考中等师范学校。

首先，20世纪90年代初，全国各地需要大量的师资充实中小学，国家招收初中毕业生进入中等师范学校就读，一般学制三至四年，毕业后分配到各地中小学任教。换句话说，中等师范学校包分配，王值军考上以后不用担心未来的就业问题。其次，中等师范学校免学费，学校还发粮票，可以说包吃包住包分配。王值军家里兄弟姐妹比较多，生活比较困难，如果他上中等师范学校，家里的负担能够大大减轻。最后，王值军的梦想本来就是成为一名人民教师，中等师范学校无疑是他当下最好的选择。

在王校长的大力支持下，王值军经过多方面衡量后，终于坚定信心，选择了离家比较近的蒲圻师范学校。

"我被蒲圻师范学校录取了"

喜鹊枝头叫，好事要来到。

1992年8月初的一天，王值军一大早就起床了，吃完饭就拿起锄头去地里干活儿。盛夏的农村格外美丽，金黄色的阳光穿过树叶间的空隙，洒满乡间的小道，各色的野花争奇斗艳，知了的叫声如同天籁，回荡在夏日的林间，这画面美丽极了。但慌忙赶路的王值军无暇欣赏眼前的美景，夏季的景色虽然不错，但天气热得实在是让人难熬，他要趁着早上凉爽的时候多帮父亲干些农活儿。田里，王值军和父亲头戴草帽，挥舞着锄头，埋头苦干。就在这时，他听见姐姐的呼喊声："值军，回家，快点儿回家！"

王值军和父亲二话不说，扛起锄头，着急地往家跑，生怕出了什么事儿。王值军刚进家门，就见母亲手里拿着什么东西在哭泣。看到这一幕，他吓得呆住了，忙问道："妈妈，你怎么了？"

"哎呀，妈是高兴的，快看！"说着，姐姐便将母亲手里的信封拿过来给王值军看。

王值军拿过信封，发现是他的录取通知书，心里忐忑万分，赶忙拆开来看："哈哈哈，我被蒲圻师范学校录取了！"

王值军抱着姐姐高声呼喊着。在那个年代，农村孩子上学本就难能可贵，能考上师范学校更是值得称赞。这个消息立马在村子里传开了，村子里老老少少都前来祝贺，王值军一时春风得意。

"值军啊，你考上的是什么学校啊？"王大爷问。

"蒲圻师范学校啊，王大爷。"王值军说。

"师范学校是干什么的？"王大爷不解。

"就是毕业回来当老师。"王大爷和其他乡亲不知道师范学校的意思，王值军尽量用浅显易懂、直截了当的语言来回答。

"老师啊，当老师好，当老师教孩子，是好事嘞。"乡亲们单纯可爱，他们觉得教书育人是一件极为光荣的事儿，王值军当然也这样想。

"那值军啊，你以后要当一个怎样的老师呢？"一直默不作声的父亲突然问道。父亲的问题一针见血，他虽然平时沉默寡言，但却总能在最恰当的时候警醒王值军。

"是啊，当什么样的老师呢？"王值军立马冷静了下来，他不知道该如何回答这个问题，但有一瞬间，他的脑海里闪过了王正贵校长爬楼梯的身影。

"爸爸，我以后要做一个像王校长那样的老师，热爱学生，不抛弃、不放弃任何一个学生，全心全意为学生着想。"王值军对着父亲高声回答道。听着王值军的回答，父亲笑了。

带着自己的梦想、母亲的叮嘱、父亲的期望，王值军来到蒲圻师范学校读书。在学校期间，他始终谨记自己的初心，学习态度端正，严于律己，不断钻研自己的专业知识。

永远矮半截的书桌

丁零零……

上课铃声响起，学生们争先恐后地向教室跑去，端端正正地坐在座位上等待着老师的到来，只有一个学生抓耳挠腮地对着自己的同桌乞求道："求求你了，快点儿让我过去坐下，老师马上就来了。"这个困窘的学生正是王值军。这年的王值军仅仅16岁，是班里年纪最小的学生，再加上常年营养不良，也是班里个子最矮的孩子。为了方便个头矮小的王值军上课，老师特意给他准备了一张特制的小桌子，并贴心地将桌子放在教室的最中间，还特意给他安排了个女同桌，叮嘱女同桌照顾他。但小孩子们玩心重，再加上女孩子成熟早，总是将王值军当作小弟弟来看待，时不时还会"欺负"他。

"值军，你是班里最小的孩子，你得管我叫姐姐，晓得不？听话，叫一声姐姐听听。"穿白色衣服的女同学逗趣道。

"就是，就是，值军，你个子那么小，就不用我给你让位置了，你自己从桌子下面钻进去不是更快吗？"王值军的女同桌也开玩笑道。

"哎呀，你们不要欺负值军，小心老师来骂你们。"又一个女同学打抱不平道。

女同学们七嘴八舌之时，小值军仍怯怯地继续乞求道："好同桌，快让我坐进去吧，上课铃声已经响了，老师就要进来了。"直到看到王值军急得都快哭出来了，女同学们才一哄而散，不再戏弄他。在师范学校读书期间，王值军被这样"欺负"过很多次，但对于王值军来说，这并不是所谓的"校园欺凌"，而是同学之间的小玩笑。这些同学会在王值军吃不饱饭时，纷纷拿出自己的饭票给他，在他遇到困难时，义无反顾地帮助他、照顾他，让他在蒲圻师范学校开心快乐地完成了学业。

他用着班里最矮的那张桌子，但却享受着班级里所有人的爱。

学会坚守

在父母的支持和兄弟姐妹的照顾下，1995年，王值军顺利地从蒲圻师范学校毕业了。王值军的就业目标很明确，那就是回到家乡当老师，教书育人，实现自己的教师梦。但王值军没能如愿回到家乡、回到父母身边，这成了他的憾事。

在那时，师范学校是基于地方需要来分配毕业生的，王值军被分配到了湖北省咸宁市崇阳县青山镇的楠木坑教学点工作。楠木坑教学点地处青山水库下游。青山镇离王值军的家乡高枧乡比较远，如果在青山镇工作的话，他就无法常回家，也无法照顾父母。面对日渐衰老的父母和来之不易的工作机会，他有些动摇，开始思考自己是否应该服从学校的分配。正当他犹豫不决、不知如何抉择之时，母亲告诉他，凡事不能兼顾，学校培养一个老师不容易，他们身体还算康健，能自己照顾自己。家里的兄弟姐妹也纷纷让他珍惜来之不易的工作机会，抓住教书育人的机会，发挥自己的专业所长，将知识教给山区里的孩子，还让他做好教师的本职工作，他们会好好照顾父母的。

就这样，在父母的劝导和兄弟姐妹的支持下，王值军开始了在楠木坑教学点的教学生涯。刚开始，王值军很不适应楠木坑教学点的教学生活，一方面，他要面对琐碎的日常教育工作、要将自己的所学运用到实际教学中，这些对于实践经验不足的他而言，确实存在很大的难度。另一方面，青山镇库区这个地方对于王值军来说过于陌生，这里没有他的朋友和家人，他时常感到孤独。在他参加工作的前几年，多亏了父母对他的支持、兄弟姐妹对他的帮助以及领导对他的开导，他才有勇气面对工作上的困难，面对枯燥单调的生活。在白天上课的时候，王值军是十分充实且满足的，课堂上学生的欢声笑语、一张张对未来充满希望的脸、一双双清澈明亮的眼睛是他作为教师努力精进业务的动力。但一到夜晚，他就要独自面对从四面八方涌来的孤独感。每当这时，王值军就想起了自己儿时的偶像廖成印，他开始像廖成印一样为了坚持自己的理想而忍受孤独。

最终，王值军熬过来了。每天的课余时间，是批改学生作业带来的满足感以及家人对他的关心温暖了他孤独的心。

妻子的理解

2002年的一天，王值军像往常一样到村里去进行家访，路过河边的时候看到有一个姑娘在河边洗衣服。那姑娘长得十分清秀，水汪汪的大眼睛更是灵动，她身材娇小，洗衣的动作却十分麻利，一看就是一个能干的好姑娘。只见她边搓洗着衣服，边和旁边的朋友嬉戏打闹，那悦耳的笑声惊动了河里游动的鱼，也震动了岸边人那颗怦怦跳动的心。是的，站在岸边驻足观看河边美景的人便是前来家访的王值军，他对眼前的姑娘动心了。可喜的是，眼前的姑娘对他也一见钟情。情投意合的两个人在2004年步入婚姻的殿堂，过上了幸福的生活。

这时的王值军在盘山教学点工作，整个教学点只有他一个老师，本着教学点的发展需要，他承担起学校中的所有职责，一人扮演多个角色，既当校长，又做各科目教师和心理教师，同时还要保障学生上下学的安全。可同时，他也是一个儿子、一个丈夫，是一个家庭的顶梁柱。

教学点工作的推进需要王值军付出大量的时间和精力，收

⊙ 2004年9月，王值军与妻子合影

人又不足以维持他的家庭开销，在这样的压力下，他只能节衣缩食，靠"精神食粮"来满足自己的物质需求。繁忙的工作占用了他绝大多数的时间和精力，他分给家人的部分就变得少之又少。

王值军在工作中无私奉献，牺牲小我、成全库区学生，自然就使得他忽略了对家人的照顾。令人欣慰的是，王值军有一个理解他、支持他、爱护他的好妻子。王值军的妻子比他小8岁，虽然年轻，做事却极为稳妥，人又不娇气，是个贤妻良母。她不辞辛苦，在生活方面照顾王值军，让他无后顾之忧，在工作方面帮他解决难题。妻子是王值军的好帮手，两个人也很恩爱，他们本以为会携手在这大山里度过余生。

2007年的秋季，是个悲伤的季节。秋风萧瑟，树叶凋落，一片萧条。王值军的心就像那随风飘舞的树叶一般，既悲凉又落寞。

一天，王值军的妻子身体不舒服，到武汉同济医院检查。病房里那白色的铺盖，蓝白相间的病号服，是生命的希望，也是人生的束缚。在做了各项检查之后，医生单独将王值军留了下来，那一刻，不祥的预感笼罩在他的心头，狂跳的心用力地撞击着王值军的胸腔，仿佛下一刻就会蹦出来。王值军不得不强迫自己冷静下来认真地听医生的"判词"。

"很不幸地告诉您，您妻子患的是癌症，幸好现在处于早期……"医生说。

不知道是医院消毒水的味道过于浓重，让他昏了头，还是医生的大褂过于亮白，让他花了眼。总之，当时的王值军瞬间感觉天旋地转，万物寂静，他听不到任何声音，也做不出任何反应。

"你没事儿吧？"医生担忧地问。

在医生的呼唤声中，王值军终于清醒过来。

"癌症？怎么可能？我的妻子才20出头，刚刚生完孩子，她向来健康，怎么可能得癌症呢？"王值军不敢相信。这个突如其来的消息过于沉重，身体的自我防御系统自动开启，让王值军不得不怀疑医生的诊断。

"没事儿，你该庆幸发现得早。"对家属的这种反应，医生非常理解，他再次耐心解释道。

但"癌症"这个词如猛兽般撞击着王值军向来稳定的心，他无法冷静。他慌了神儿，手足无措，毫无逻辑地说道："医生，请您救救她！家里孩子还小，不能没有她，我也需要她……求求您救救她，医生。"他不知道自己该做些什么，也不清楚要说些什么，他只知道自己离不开妻子，孩子也离不开母亲，他的妻子得活着。他拼命地恳求医生，那一刻，他不是老师，不是校长，也不是将全部精力投入教学的"工作狂"，他只是一个普普通通的男人，一个需要妻子呵护的男人，一个会害怕会哭泣的男人。

"我们肯定会尽力的。"医生再次安慰道。

在医生的宽慰中，王值军终于冷静下来，他胡乱地抹了一把脸上的泪，问道："那我们需要做些什么，医生？"

"现在需要立即住院治疗。"

于是，王值军当即为妻子办理了住院手续，在同济医院住了下来。他想在医院全力看护妻子，但家里的孩子、学校里的学生都需要有人照顾，工作也不能耽误。在安顿好妻子后，王值军便马不停蹄地回到学校，带着对妻子的担心，坚守在教学一线。不幸的是，妻子的病情并没有好转，昂贵的医药费压得王值军喘不过气来，迫于经济压力，他只好将妻子转回县医院进行保守治疗。为了节省开销，也为了方便妻子得到治疗，王值军在医院旁边租了一间房子。自此，王值军便奔波在学校、医院、出租房之间，每天忙个不停。

2007年11月25日，那是一个星期天。早上王值军安顿好妻子后，下午两点半便乘着最后一班船离开，准备上第二天的课。妻子知道王值军忙，并未多做挽留，只是站在门口笑着目送王值军离去。那天的风很大，船也有点儿晃，身着厚衣的王值军猛然间感觉有点儿冷，心也有点儿慌，他没敢多想，拢了一下领口便向学校走去。

当天下午5点，王值军的妻子突然身体不适，出现了严重的大出血，随即医生赶来抢救，结果十分不幸，抢救无效，妻子去世了，临终前托人转告王值军一句话："别离我太远。"

此时远在学校的王值军心脏抽痛了一下，不由得想起了今天妻子送自己离开时候的笑容，他愣了会儿神儿，便继续写教案。当时的库区交通不便，且缺乏有效的通信设备，直到第二天中午，王值军才收到妻子去世的消息。听闻妻子突然离世的消息，王值军犹如五雷轰顶，只见他机械地合上手里的教案，麻木地收拾着东西，整个人一下子没了精气神儿，在学校里漫无目的地来回走动，好像必须得做点儿什么事儿来证明自己还活着。直到看到村民们抱来他2岁多的儿子，王值军才回过神儿来。他抱着孩子号啕大哭，那场面，闻者流泪，见者伤心。

清醒过来的王值军带着儿子，骑着摩托车，翻山越岭，终于在晚上10点赶到了崇阳县人民医院，在医院的太平间里见到了妻子冰冷的尸体。太平间冷气很足，进去的人无不冻得直哆嗦，但王值军却不觉得冷，因为他的心中早已一片严寒。看着躺在太平间里的妻子，王值军手足无措，愧疚万分。妻子对自己的工作向来都是万分支持的，而自己却没有照顾好她，甚至没能见她最后一面，他既羞愧又悔恨。他不知道该如何照顾自己年幼的儿子，也不晓得该怎样面对年迈的岳父岳母，更不知道自己该如何面对今后一个人的生活。未知的生活，没有妻子的未来，这些都让他痛苦万分，在他听到妻子"别离我太远"

的遗言后，更是痛彻心扉。

妻子的后事急需料理，学校的孩子们也在等待着自己，没有太多的时间留给王值军悲伤，他整理好心情，带着妻子的遗愿，将妻子埋在了离他教学点不远的地方。那年，妻子23岁，儿子2岁，王值军31岁。

懂事的儿子

王值军曾说，这辈子我无愧于天地，却亏欠了早逝的妻子和懂事的儿子。妻子去世时，儿子小炯炯才2岁，离不开人，自己又忙，实在照料不过来。万般无奈之下，王值军狠心将小炯炯送到远在高枧乡的父母身边，拜托父母帮忙照看。但是，父母年纪已大，照顾孙子虽尽心尽力，但难免有疏漏的地方。

有一次，小炯炯突然全身红肿，吓坏了家中的老人，但老人认知有限，没意识到问题的严重性，仅将小炯炯送到了村里面的诊所进行医治。经过诊所大夫的诊断，小炯炯患了急性荨麻疹，可能是饮食不当或者被冷风刺激引起的，而孩子全身红肿比较严重，于是大夫给2岁的孩子打了两针。小炯炯太小，两针下去直接休克了，性命垂危。家里的老人慌乱不已，这才将孩子送到正规的医院进行治疗。

王值军得知以后心有余悸，也体谅父母的不易，于是又将孩子接回身边。盘山教学点三面环水，小炯炯又刚会走路，正是最离不开人的时候，一不小心掉入河里会很危险。无奈之下，王值军想了一个办法，上课时，就用一根绳子将小炯炯绑在教室最后面的桌子腿上，绳子有1米长，方便小炯炯活动，也能避免他影响前面上课的学生，同时王值军自己还可以随时看到孩子。

就这样，年幼的小炯炯一直被王值军绑到3岁多。这时的小炯炯已经能听懂道理了，王值军就让他在课堂旁听，自然而然地，他也在盘山教学点上了学。

由于盘山教学点只有一二三年级，2016年，在小炯炯即将升入四年级的时候，王值军将他送回到高枧乡义源小学读书。面对陌生的环境，小炯炯很不适应，一是他要和爷爷奶奶一起生活，作息习惯、饮食习惯都不一样；二是新学校新同学，小炯炯需要适应与相处；三是小炯炯从小就没有母亲，回到爷爷奶奶身边生活后，一年也见不了父亲几面，有些孩子就会故意欺负他。

很快，就发生了一件令人不愉快的事情。有一天，小炯炯的班主任老师给王值军打电话，让他来学校一趟。原来是小炯炯和班上的同学发生了矛盾，甚至动起了手，结果就是两个人都被叫家长了。王值军很震惊，安排好学生以后，就赶快到高枧乡义源小学去处理。小炯炯的班主任见到王值军，劈头盖脸一顿训斥："忙忙忙，你成天就知道忙别人的孩子，自己的孩子就不管了吗？你看看孩子穿的衣服，再看看孩子的身高，再想想多久没见孩子了！最近你关心过孩子吗？了解过孩子心里在想些什么吗？你自己就是老师，应该知道这个年龄段的小男孩正是叛逆的时候，现在不注意，毁了这么聪明的孩子怎么办？你对得起他的妈妈吗？"小炯炯的班主任与王值军是老相识了，也了解王值军的情况，说起话来就没什么顾忌。王值军听完以后，很是愧疚，连忙向班主任道歉，又从对方家长那里了解了情况，将事情解决完之后，才送孩子回到父母家。

回家的路上，小炯炯一声不吭，看着噘着嘴生闷气的儿子，王值军怅然若失。他回想起了这些年对儿子的忽视，愧疚万分。到家以后，王值军就和小炯炯推心置腹地聊了一次天。"炯炯，能和爸爸说为什么打架吗？"王值军问道。

听到父亲的询问，小炯炯立马扭过脸，一副拒绝沟通的模样。

看着长相有七分像妻子的儿子，王值军不免有点儿伤感，他想到班主任的"训话"，意识到自己对儿子的确疏于照顾，就耐心开导儿子："炯炯，和同学有矛盾很正常，爸爸问你打架的原因是想知道你是不是想解决问题，发现问题、解决问题才是处理事情的正确方法，不是吗？如果你一直不说原因，不进行解释，爸爸就会误会你，认为打架是你的错，会批评你，你肯定会生气，觉得委屈、不开心，不是吗？"

话音未落，就见小炯炯红了眼，他拼命地眨了眨眼睛，努力忍着，不让眼泪掉下来，最后带着哭腔抽泣道："他说我是野孩子，看我小就欺负我，昨天还把我推倒了，我气不过，今天才动手的。"听完小炯炯的哭诉，王值军心里难受得要命，他叹了一口气，将儿子拥入怀里，说："炯炯，这些年你受委屈了，你妈妈走得早，但是妈妈很爱你，爸爸也是。那个孩子叫你'野孩子'，是他不了解具体情况，爸爸之后会和你的班主任反映实际情况，让那个孩子向你道歉。你要知道自己不是'野孩子'，你是妈妈临去世前在这世界上最大的牵挂，也是爸爸捧在手心中的小宝贝，如果再有人叫你'野孩子'，你要学会选择更文明的方式解决，知道吗？"

小炯炯点了点头，王值军接着说道："炯炯，爸爸知道把你送到这里读书，你一时不适应，而爸爸平时也太忙，忽略你了，是爸爸的不对，请你原谅爸爸。"小炯炯没说话，但他紧紧地抱住了王值军的脖颈。感觉到孩子的小动作，王值军也忍不住红了眼，继续说道："宝贝，你要相信爸爸真的很爱你，爸爸也想陪在你的身边，但盘山教学点的小朋友们离不开爸爸，如果爸爸走了，就没人给他们上课、教他们知识了，很多小朋友就实现不了自己的梦想了，所以爸爸不能离开。以后爸爸会安排好时间，会尽量在周末回来看望你和爷爷奶奶，如果你想爸爸了，也可以给爸爸打电话，好不好？"直到这个时候，小炯炯才真正卸下心防，趴在王值军的怀里大哭并说了一句"好"。自此以后，小炯炯更加懂事，更加独立自信，学习也更加用功，最后成功地考入了武汉理工大学。

正是因为小炯炯乖巧懂事，从不给王值军添麻烦，王值军才能将全部心思放在教学点的工作上，才能在教学工作中取得好成绩。

第二章　咬定青山不放松

扫码解锁

◉群英颂歌◉责任担当
◉扎根基层◉奋斗底色

楠木坑教学点

　　青山镇是湖北省咸宁市崇阳县辖镇，下辖村落数量多，但分布比较分散，每个村子人口数量较少，学生自然也就比较少，再加上交通不便，村民往来多有不便，学生上学更是困难。为了解决孩子上学难的问题，崇阳县教育局特事特办，把距离较近且人口较少的几个村子的学生安排在一个教学点上学。1995年时，青山镇共有39个教学点，楠木坑教学点便是其中之一。

　　楠木坑教学点位于青山镇的盘山村，在青山水库的下游，周围只有19户人家，学生也只有3个。这里的生活条件和教学条件都比较落后，19岁的王值军一毕业便被分配到这里。王值军的小学老师廖时钧在知道他被分配到这里后，郑重嘱咐道："楠木坑教学点只有一个有小学五年级文化的代课老师和3个学生，成绩一直上不去，你去那里教书，要争取把那里的教学质量搞上来。这是我对你的期望，也是我的嘱托，更是我的愿望！"王值军毕业时刚19岁，正是斗志昂扬、激情满怀的时候，面对廖老师的嘱托，他慨然应允。就这样，带着廖老师的期盼，怀着激动的心情，王值军来到了盘山村。

一到楠木坑教学点，他就被眼前的一幕惊呆了：教室是向当地农民借用的几间土坯房——还是用牛棚改造的，黑板斑驳脱落，学生的课桌"缺胳膊少腿"，教室四面墙壁千疮百孔，门也晃晃荡荡，感觉随时都会掉下来。教师宿舍更是简陋，连一张床都没有，学校整体情况可用"穷得一无所有，差得一塌糊涂"来形容。

看到如此破败的学校，年轻的王值军愣住了，他在心里打起了退堂鼓。尽管他已经做好吃苦受累的准备，但这里的条件差得超乎他的想象，他退缩了。"留下来"和"立马走"的想法在他的脑海中搏斗，甚至有一刻"立马走"的念头更胜一筹。

就在王值军想要"逃跑"的时候，他看到班级里的学生端正地坐着，一脸兴奋地喊道："老师好，热烈欢迎王老师的到来！"教学点穷得难以想象，学生也少得可怜。虽然整个教学点只有3个学生，但他们的欢呼声一点儿都不小。只见这3个孩子一脸认真地望着他，眼中充满了热切的希望。这眼神，王值军最明白不过：那是渴求知识的眼神，渴望拥有老师的眼神，渴望用知识改变命运的眼神。

这一刻，王值军知道自己走不了了，他舍不得伤害孩子们幼小的心灵，也不能抹杀孩子们的求知欲，更不能让孩子们失去希望。于是，他留下来了，留在盘山村这个贫穷的地方，开始了自己人生中第一个教学点楠木坑教学点的工作。

教师生涯的第一堂课

王值军留下来了，带着孩子们的希望，带着自己的梦想，留在这个交通不便、非常落后的小山村，开始了他的教学生涯。

那天，王值军在楠木坑教学点上了人生中的第一节课，他格外重视。天一亮，王值军就起床开始收拾自己，刷牙、洗脸、修面，有条有理，不慌不忙。他从行李中将母亲提前为自己熨烫好的衣服拿出来穿在身上，想给孩子们留下一个好印象。收拾完毕，他又拿起自己早已准备好的教案，准备讲授自己人生的第一堂课。

王值军在往教室走的路上，脑海里一直回顾着教案，模拟着即将开始的课，力求有一个完美的开场。但当他走到教室门口的时候，他竟然紧张了——他虽然学习成绩优异，但毕竟缺乏教学经验，他害怕自己做得不够好，更害怕学生们对自己失望。那一刻的王值军是不自信的，他在教室门口徘徊不定，犹豫不安，就是不敢走进去。就在他来回踱步之时，他听见教室里仅有的3名学生的窃窃私语声。

"王老师怎么还不进来上课啊？"

"不知道啊，上课铃声都响了呢。"

"你们说，王老师是不是嫌咱们这里穷，后悔了啊？"

"有可能，听说王老师是师范学校毕业的呢，学习成绩很好，家离得也很远，肯定不愿意待在咱们这个小地方。"

"如果真是这样，希望王老师能多给咱们上几节课。"

"就是就是，那一会儿咱们得好好表现，让老师喜欢咱们，争取多留他几天。"

"好好好，赶快坐好吧，老师就要进来了。"

听着教室里学生们的交谈声，王值军紧张的心突然间平静下来。他心想："没关系，谁都有第一次，孩子们这么渴望能留下老师，那我就按照自己的节奏好好上课就好，相信自己一定会成功的。既来之则安之，加油！"给自己加油打气后，他迈着坚定的步伐朝教室走去，正式开始了自己执教生涯的第一节课。虽然班里只有3个孩子，其中2个孩子是二年级的，1个孩子是一年级的，王值军并没有为了省事将两个年级合并到一起上课，而是用心细致地准备了不同年级的课。这节课赢得了学生们的喝彩，学生们下课后都围着王值军舍不得走，叽叽喳喳地向王老师介绍自己家乡，对王老师提出的问题也是有问必答，生怕王老师离开这里。王值军感受到了孩子们的热情，心里得意极了，慢慢地，他在这个"老破小"教学点中产生了归属感，开开心心地留了下来。他也在心里暗暗发誓道："一定要改变盘山村教学落后的现状，一定要好好教书，带领孩子们走出山村！"

在楠木坑教学点的执教过程中，王值军始终秉持以学生为本的理念，从学生的实际情况出发，坚持开展基础教学工作。虽然当时的他还不满20岁，为人做事还不够成熟，甚至还有过退缩的想法，但他始终保持着对工作的热情、对教育事业的热爱，坚持用粉笔为孩子们描绘未来，用爱心浇灌孩子们的心灵。就这样，王值军带着爱和关心，在他人生的第一个教学点度过了愉快的3年时光。

这3年，他坚持爱学生、爱学校、爱工作，带领着学生将楠木坑教学点一点儿一点儿建立起来，受到了当时家长和学生的一致好评，为我国农村地区的义务教育工作贡献了自己的全部力量。

洪水冲垮了楠木坑教学点

眨眼间，时间来到了1998年。这年发生了一件大事儿，长江发生了全流域性特大洪水，这场洪水冲垮了楠木坑教学点，冲塌了学生们的家园，也差点儿冲毁了王值军一直以来强大的心理防线。楠木坑教学点是王值军参加工作的第一站，是自己和学生梦想起航的地方，是自己全心全意付出的地方。眼睁睁地看着自己的劳动成果被摧毁，王值军彷徨、恐惧且无奈。

学生们看到被冲毁的教学点，都大声哭了起来，纷纷跑到王值军那里："王老师，我们的学校没有了，这可怎么办啊？"

"没事儿，孩子们，面包会有的，学校也会有的，别担心，有王老师呢！"王值军安慰道。

是的，"有王老师呢"这句话仿佛有魔力般，立马消除了孩子们心中的恐慌。在他们心中，王老师就是无所不能的，只要有王老师在，一切都不是问题。学生们欢天喜地跑回家将这个好消息告诉家长，家长们表面开心，内心焦虑。他们并不像孩子们那么乐观，修建学校并不是一件容易的事儿，需要政府的支持、充足的资金，还需要人来帮助他们，这些都不是王值军一个人能搞定的。想到这里，家长们赶忙赶到教学点，准备帮忙。当他们看到强颜欢笑的王值军时，连忙问道："王老师，您，您没事儿吧？"

"没事儿，旧的不去新的不来嘛，一切都会好的。"王值军打趣道。

在外人看来，王值军永远是满怀希望和斗志的，打不倒、压不垮，永远在奋力拼搏。但只有王值军自己知道，他脸上的笑容挤出来有多么难，他的内心有多么焦灼。他也慌啊，作为楠木坑教学点唯一的教师，作为孩子们的顶梁柱，作为学校的校长，他要为学校的孩子们撑起伞，为孩子们开辟一条走出大山的道路，他不能倒下，不能让孩子们看到自己的脆弱，他需要立马站起来，为孩子们重建学校。所以，他在心中默默地对自己说："王值军，不就是学校塌了吗？没事儿，教育站会帮助你，家长们也会支持你，还有孩子们，他们是那么相信你，不能让他们失望啊！别怕，笑一笑，没什么大不了的，不过是从头再来而已嘛！"在一遍遍心理暗示下，王值军终于发自内心地笑了，他知道自己可以，知道一切都会好起来。事实证明，王值军的确做到了。

建立盘山教学点

世事无常，苦难才是人生的必修课。面对困难，王值军虽然觉得辛苦，但从未有过怯意。他调整心态、重拾信心，准备大刀阔斧、重整河山——第一件事，是建立盘山教学点。

没地建房，不怕。他有丰富的生活常识作基底，有修建楠木坑教学点的经验作指导，能够因地制宜选择合适的地点来修建。在王值军多番考察之后，他选择位于青山水库中上游的一片坟地来建学校。之所以选址在这里，王值军是经过多番考量的。首先，这个地方地势平坦，视野开阔，远离喧嚣，适合建校；其次，在这里建校不会破坏耕地，影响农业生产；再者，这里很多坟包是无主的，不会引起村民的反对，很多村民更是自愿来帮忙移坟，为孩子们的学校腾地方；最重要的一点是，这个地方不同于楠木坑教学点的所在地，这里位于青山水库的中上游，不会再发生学校被洪水冲毁的悲剧。在和村民们商议且取得村民们的同意以后，王值军连夜打报告提申请，很快便获得审批。

没钱来修，不怕。他有政府与村民的支持作靠山。教育部门在得知王值军建校的打算以后，拨给王值军2万元建校费用。村民们更是慷慨解囊，1元、2元、5元、10元……就这样一点儿一点儿，集腋成裘，聚沙成塔，村民们为王值军建校共集资1万元。王值军也精打细算，能省则省，将这3万块钱都花在了"刀刃"上。

没人来修，不怕。他懂得"团结就是力量"的道理，明白人民群众是永恒的力量源泉。于是他向村民讲明没有学校的利害，动员广大热心群众共同修建学校，村民们明白王老师是为自家的孩子着想，都不用他请，自备干粮，自发地去帮忙建房。建房需要水泥、沙石，但这些只能去县里买，而盘山村三面环水，只能用船来运输沙石，村民们就一箩筐一箩筐地将沙石背到船上运过来，送到盘山村以后，再一箩筐一箩筐地背着沙石爬上山，送到建校的地方。当时正值酷暑，村民们每天都汗流浃背，但他们从不喊累，都想着尽快将学校建好，让自己的孩子坐在明亮的教室里读书。终于，在王值军和村民的共同努力下，他们很快就建好了盘山教学点——2间教室、2间学生宿舍、1间教职工宿舍、1间厨房，共6间房。

当然，学校只有教学楼是不行的，还需要桌椅板凳、门窗黑板等物品，而这些物品的制造，需要大量的木材，可教学点附近可用的木材有限，不能满足修建教学点的需要。为了解决木材问题，王值军发动当地参与修建教学点的村民，积极到附近寻找木材。在众人的多番努力下，终于在距离盘山村近20公里的山上找到了可用的木材。王值军高兴极了，但又一个难题接踵而至，木材可以找村民帮忙砍伐，但树木太重、太大，离盘山村又太远，怎么运下山呢？就在众人束手无策之时，王值军想到了"放排"这种方法，即借助水流运输木材。他的这个想法得到了众人的称赞，但这种运输方式存在着一定的安全隐患，河水冲击力巨大，一不小心，放排的工作人员就有可能被沉重的木材带入河流之中，格外危险。于是王值军自告奋勇来做这项工作。

有一次，王值军在木材"放排"过程中没有站稳，整个人从山崖上跌入河流中，在水中反复沉浮。凶险万分之际，幸得村民们及时搭救，王值军才被拉上了岸。至今，王值军的头上仍留着一道深深的疤痕，那是他跌入水中因磕到石头而留下的。

1998年10月1日，在历经千辛万苦、克服重重困难之后，王值军人生中的第二个教学点盘山教学点顺利完工。与用牛棚改造的楠木坑教学点相比，盘山教学点的教学环境有了极大的改善：它的总面积达150平方米，有一栋简易的教学楼和一个大操场，教学楼里面有6个房间。新学校新气象，也需要更多的学生，在王值军的多番奔走下，青山镇教育站终于同意将沈家教学点、郑家教学点、刘家教学点以及被冲毁的楠木坑教学点合并到一起成为盘山教学点。盘山教学点立马就拥有了30多个学生。22岁的王值军看到如此热闹的场面，十分欣喜，干劲十足，每天都激情满满地给孩子们讲课，希望每个孩子都能进步，将来有所成就。这栋小小的教学楼，不仅承载着王值军的教师梦，还是当地学生们梦想起航的地方。

王值军的一天

早上5点，无须闹钟的提醒，王值军便自然醒来，这是他常年养成的习惯，已深入骨髓，无法改变。他没有立即起床，而是先在头脑里回顾一下昨天的事情有无疏漏，又对今日的工作计划安排一番，才起身洗漱，开始精神饱满的一天。

他先拿起水桶到山下挑两三趟水，给学生们准备生活用水；再叫学生们起床收拾床铺，打扫宿舍；在安排好学生"监工"后，他又立马化身"船夫"，去接河对岸走读的孩子们来上学；

学生们到齐之后，早自习也就开始了，王值军会安排班干部组织学生们背诵课文，他自己则变身"厨娘"，给学生们准备早餐，下面条、蒸包子、煮稀饭，王值军样样精通。当然，王老师做的饭不是那么容易吃到嘴的，学生们要在早饭快熟的时候，一个接一个地来背课文、默写生字，按时完成的学生，王老师会立即让他们打饭吃，没有按时完成的学生，王老师会先批评教育并告知其下一次检查时间，之后再给他们打饭，直到学生们吃饱喝足，王值军才开始用早餐，但他的早餐时间并不长，往往只有10分钟，毕竟孩子们一会儿就要上课了。

到了下午，王值军会在送不用过河的学生回家后自己返回学校的路上，充分利用碎片时间，听广播、学习一些知识，强化专业素养，提升教学水平。时间就像海绵里的水，挤挤总会有的，王值军自己就像海绵一样，一边充分吸取知识、充实自己，一边拼命挤压，不舍得浪费一分一秒。

到了晚上，王值军也闲不下来。吃完晚饭，他要撑着自己的小船将家住河对岸的孩子们送回家，保证孩子们的安全；回来以后，王值军则会和住校的孩子们围坐在一起开始晚自习，孩子们写作业，王值军备课、改作业、辅导作业；上完晚自习后，他还需要给年龄小的孩子洗手、洗脚，做好个人卫生，直到学生们都入睡，王值军忙碌的一天才结束。

这就是王值军的一天，忙碌而充实。

"贵人"宋大明

　　王值军能一心一意扑在学校、扑在学生身上，离不开父母的支持、儿子的理解、村民的帮助，当然也离不开领导的支持，宋大明便是王值军的"贵人"之一。宋大明是青山镇的教育干事，为了了解青山镇的教学情况，时常会到各个教学点走访。2016年，宋大明干事来到盘山教学点。当他看到盘山教学点教学楼破败不堪，几十个学生挤在一间狭小的屋子里吃饭，王值军每天佝偻着腰到水库里挑水吃的时候，他的眼眶湿润了。他一边安慰王值军，一边规划如何改善学生们的学习和生活条件。他先是与王值军进行了深入交流，摸清学校的情况，了解学校的需求；然后到村子里进行摸底调研，方便后续规划。盘山村离镇上有30公里水路，如果开车要绕60公里，但宋大明从不会因为距离远而敷衍了事。为了更好地改善学校学习环境，宋大明每个月坚持挤出一天的时间，带着地方骨干教师来到盘山教学点开展教学帮扶。这些老师们会给孩子们上示范课，带给他们不同的学习体验，也会带来学习的必需品，还会帮助学生布置教室，改善学习环境。为了提升王值军的教学能力，宋大明更是不辞劳苦，抽出时间给王值军示范授课、传授教学经验。

正是因为宋大明的帮助，王值军的教学能力取得了突破性的进步，也因为有宋大明的支持，才有了后来更加漂亮的尺冲小学。

翻建尺冲小学

在人生最美好的时光中，王值军舍小家为大家，将自己美好的青春奉献给库区的教育事业，也正是由于他默默付出和辛勤耕耘，当地的教育水平有了很大的提高。

在王值军的努力下，盘山教学点的教学成果愈加突出，教学点的名气也越来越大。周边村子的家长们看到学校的进步，兴奋不已，纷纷将孩子送到盘山教学点学习。2006年，盘山教学点的学生数曾达到顶峰，共有68名。但好景不长。为了满足群众的出行需求，也为了当地经济的发展，2015年起市政府开始修建盘山大桥。盘山大桥位于青山镇盘山村，横跨青山水库，连通青山镇和高枧乡，于2016年3月份建成通车。盘山大桥建成以后，从青山镇到县城的车程由原来的75公里缩短至38公里，时间只要半个多小时。因此，很多家长直接将孩子转到县城小学读书。到2017年时，盘山教学点的学生仅剩7人。而此时，位于尺冲村的尺冲教学点也只有13人。由于两个教学点的人数都不多，为了方便管理，2017年秋，教育部门决定将两个教学点合并。而尺冲教学点位置开阔，条件相对较好，于是盘山教学点便被并入尺冲教学点，王值军亦被安排到尺冲教学点教书，此时尺冲教学点共有2名老师，20个学生。渐渐地，在两位老师的带领下，尺冲教学点的名气越来越大，2018年，很多原先在镇上租房上学的孩子都纷纷回流，尺冲教学点的人数越来越多，一度多达70人。教育部门看到尺冲教学点的人数越来越多，便将尺冲教学点更名为尺冲小学。

学生人数多了起来，王值军欣喜万分，但又有新的现实问题摆在他的面前，只有四间教室的老教学楼已经不能满足学生的需求了。因此，王值军开始考虑翻建教学楼。就这样，在从教23年后，他开始了人生中的第三次教学点修建工作。

这次的修建过程相比前两次轻松了许多，可以说拥有了天时、地利、人和。一方面，尺冲小学的翻建并不是重建教学楼，而是对原有房屋进行部分翻建，即在原有的教学楼上面加盖一层楼，并修建一个厕所和厨房，工作量相对较少。另一方面，2017年12月31日，中央电视台的《朝闻天下》节目播出了专题片"大山里的摆渡老师"，王值军的事迹因此被更多人关注，当地的教学现状也受到了社会各界的关注，王值军的故事在互联网上不断传播，这些都为王值军翻建尺冲小学提供了极大的便利。再加上当地更多的人开始关注教育、关心乡村教学工作，很多热心人士积极建言献策、出钱出力，修建学校的经费和材料得到了充分的保障。在众人的共同努力之下，尺冲小学的翻建工作在2018年秋季开学之前顺利完成。

新的尺冲小学漂亮极了，教学楼贴着红色瓷砖、装着栅栏，是一座红白相间的双层教学楼。教室里面的空间很大，可以容纳足够多的学生；教学条件也有了极大的改善，多了一间网络教室；学校还专门修建了窗明几净的厨房，确保学生的饮食安全；宿舍楼、教师办公室样样齐全，赢得了学生和老师的一致好评。

相较于之前的教学点，尺冲小学取得了阶段性的突破，一方面是因为社会的发展和科技的进步，为教学点的修建提供了极大的便利；另一方面归功于王值军，正是因为他平时在基层工作的态度和成绩得到了社会各界的称赞，才为教学点的修建提供了充足的物力资源和人力资源。

2018年秋，尺冲小学正式投入使用，小小的升旗台前，鲜艳的五星红旗迎风飘扬。小小的教学楼，承载了孩子们五彩斑斓的梦。相较于之前的教学点，尺冲小学有了很大的进步。王值军既是这里的任课老师，又是班主任，还是校长。作为一所偏远的小学，学校与县城一水相隔，它自然比不上县城的学校，但王值军一心想让孩子们享受平等的教育，国学、体育、音乐、美术课，样样都有，种种不落。王值军还像最初入职时一样，在教授孩子们科学文化知识的同时，努力学习，汲取知识的养分，做好孩子们的心理辅导工作，助力他们健康成长。

多了一个"学前班"

开学前到学生家里走访，是王值军任教以来的习惯，目的在于了解学生家庭情况以便更好地完成教学任务。多年的走访使得他与村民们逐渐熟稔起来，村民们十分尊重王值军，也喜欢与这位"文化人"聊一些家长里短。

这天，在他又一次开展走访工作的时候，沈阳的奶奶说起了家里的困难："崽崽，我家沈阳在你学校读书，顺便也把沈依带去吧，学多学少我们不在乎，关键是一个孩子在家没同龄人跟她一起玩儿，她挺孤单的，我们年龄大了，也带不了。""崽崽"是村民对王值军的爱称，长时间的接触已经使得这些老人将王值军当作自己的子侄来对待。王值军对这种请求并不意外，毕竟村民龙甫老爷爷也说过："崽崽，我家丽娇的妹妹因为出生时难产，大脑发育不全，我想让她到学校去接触学校环境，开发下她的智力。"

村里并不富裕，年轻人都出去打工了，老人和孩子留守家中。老人年纪大了，对孩子实在照顾不过来，孩子年龄还小，也的确需要人来照看，这些王值军心里都清楚。但他也知道目前尺冲小学的教学规划上，只有小学一到三年级，对这些多出来的孩子，并没有相关的规划。这可怎么办呢？

"开一个学前班吧！"王值军想。

1个、2个、3个……就这样，10多户人家都把最小的孩子送到了学校。在尺冲小学，学前班的孩子曾一度多达30人。

"累吗？烦吗？负担重吗？"有人曾这样问王值军。

"村民们信任我，孩子们喜欢我，我真舍不得他们，所以我觉得有机会多带一个学前班是一件幸福的事情，他们可以在年龄较小的时候激发自身对知识的渴望，可以通过在学校的学习拓宽视野、开阔眼界。"王值军如此答道。

对于善良的王值军来说，这些聪明可爱的孩子怎么可能是负担呢？这是家长对他的肯定，学生对他的信任，孩子对他的喜爱。这是一种幸福啊！

⊙ 崇阳县人民检察院工作人员到尺冲小学进行法治宣讲

第三章　谆如父语伴如亲

扫码解锁

◉群英颂歌◉责任担当
◉扎根基层◉奋斗底色

下山挑水的王老师

早上天刚蒙蒙亮，雾气弥漫，远处的青山仿佛穿着白纱的姑娘若隐若现，空气中弥漫着雨后花草的清香，树上的鸟儿欢快地歌唱，王值军也慵懒地伸了个腰，开始了新的一天。

"王老师，起得这么早啊！"

"是啊，王老师，怎么不多睡会儿啊？"

"王老师，挑水去啊？"

王值军是村里最和善的人，村民们也爱和他聊天说笑。每次见到王值军都会热情地和他打招呼。

"早上好，你也干活儿去啊？"

"是啊，起来了，早起的鸟儿有虫吃嘛。"

"对对对，挑水去，孩子们等着用水呢，这一天没水喝可不行。"王值军一边笑着回应，一边拿着扁担、水桶向山下走去。

1998年新建的盘山教学点虽然解决了学生无处读书的难题，但是由于教学点地势特殊，位于半山腰，因此学生们的生活条件得不到保障，尤其缺乏生活用水。想要满足学生们的日常用水需要，就要到500米以外的山下去挑水。王值军早就预料到会有喝水难的问题，但他没有退缩，也没想过去找人帮忙，而是亲自挑水解决难题。于是，王值军每日工作表上又多了一个新任务——挑水。

每天天刚亮，王值军就会起床拿上扁担和水桶，下山挑水，无论炎炎夏日，还是数九寒冬，无论刮风下雨，还是冰封雪飘，从不间断。为了保障学校的正常用水，王值军平时每天要跑5趟，夏天用水多，他至少要跑8趟。

乡间的土路既狭窄又陡峭，碰到下雨、下雪天更加泥泞难走，王值军摔倒受伤是常有的事儿。

"王老师，需要帮忙吗？"好心的村民问道。

"不用，挑水有什么难的，我一会儿就干完了。"王值军说。

"王老师，要不找个人帮忙或者让家长轮流挑水吧，这样你也能稍微歇一会儿。"还有人建议道。

"哪能让家长来挑水呢，家长们都忙着赚钱呢，何况咱这里老人和孩子多，要是让老人来挑水，那才叫不合适呢！"王值军摇摇头说。

"王老师，那你这每天除了上课还要挑水，累吗？"

"干啥不累啊？坚持下去就好了！"王值军笑呵呵地回答。

"坚持下去就好了！"这句话好像成为王值军的座右铭，成为他的口头语，每当他觉得累的时候，就会用这句话来提醒自己。

学生们的"生活老师"

2002年的那个冬天，冷得让人不敢回忆。白天风呼呼地吹，伴随着鹅毛般的大雪，田间的小路很快就铺满了银霜，林间的树枝也被压弯了腰，就连屋顶也裹上了白衣，放眼望去，世界都穿上了银装。

就在那个大雪纷飞的冬夜，年仅5岁的沈伟松闹起了肚子，弄脏了被子和衣裤，让这个平静的冬夜猛然间忙碌了起来。当时的王值军刚工作没几年，还是一个新手教师，他没有独自照顾孩子的经验，这突如其来的状况让他手足无措。面对此情此景，王值军没有半分嫌弃与犹豫，拿起衣服就去帮小伟松洗。山里孩子穷，尤其住校的学生，一般只有一套冬装，没有可换洗的衣物，王值军只好去村民家中借合适的衣服给小伟松换上，再冒着寒风带小伟松去诊所看病，回来后又给他喂药，烘烤衣服。冬天衣服厚，晚上室内的火炉又不敢烧得太旺，等到衣服烤干时，天都快亮了。这些小伟松都看在眼里，记在心里。在小伟松身体状况好转之后，十分开心地对王值军说："谢谢您，王老师，谢谢您照顾我，您比妈妈还好，辛苦您了。"

小伟松出于感恩对王值军说了这样的一句话，但他没有意识到这番话对一个新手老师会有何等深刻的影响。正是因为小伟松看见了老师的付出，表达了对老师的感谢，更坚定了王值军留下来全心全意教育学生的决心。

是啊，留下来吧，毕竟他们如此可爱；用心教吧，毕竟他们如此善良。王值军默默地对自己说道。

自此以后，王值军的宿舍里多了三个大小不一的"百宝箱"，以备学生的不时之需：一个是学生的常用药品箱，里面装有体温计、感冒药、消炎药、纱布、胶布等；一个是学生的成长记录箱，里面装的是一沓沓有着鲜红分数的试卷、计分册、备课本、日记本等；还有一个大大的"百宝箱"，里面有五颜六色的衣服（夏装、冬装皆有）、袜子等衣物，让学生们无生活上的后顾之忧，可以更加专心地投入学习中去。

"强硬"的王老师

2014年是王值军当乡村教师的第19个年头，这年有个日期王值军记得特别熟，那便是3月23日。

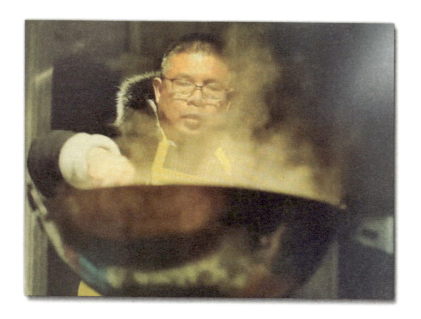

⊙ 王值军正在给学生们做饭

那天上课铃声响了，向来守时的学生王伟一直没有来学校上课，让王值军担心了一整天。这年盘山教学点有51个学生，每个学生都是王值军的心头肉，对于他们的情况王值军了如指掌，更何况王伟是一个好学生，从不迟到早退，就算有事耽搁，也会提前一天跟自己请假，那他旷课是什么原因呢？带着一天的疑惑与担忧，王值军决定放学后去王伟家进行家访。

山间的小路有些崎岖，一轮皎洁的明月挂在夜空，林子在清风的吹动下摇曳着身姿，何尝不是一幅静谧的山野月色图？但急切的喘息声惊起了树上栖息的鸟儿，飞快的脚步更是扬起一缕尘埃，王值军没有注意到月色皱起的眉梢，只顾慌忙赶路。他悬了一天的心在看到王伟时，终于放了下来。

"王伟，今天怎么没有去上课啊？"王值军问道。

"老师，我今天早上起来的时候，不小心被邻居家的狗咬到了。"王伟小心翼翼且心怀愧疚地答道。

"去打狂犬疫苗了吗？"王值军问。

"这点儿小事儿，要打什么疫苗啊！不需要花那个冤枉钱。庄稼人没有那么金贵，小孩子长得快，多休息一下，吃点儿好吃的补补就好了。"王伟年迈的奶奶满不在乎地说道。

听完奶奶的话，王值军既震惊又无奈。被狗咬在老一辈人眼中是再寻常不过的小事儿了，王值军知道自己无法改变奶奶根深蒂固的老思想，也知道这一切不过因为王伟家里困难，更知道如果不去打针，会给王伟造成非常大的隐患。无奈之下，他自掏腰包雇了条船，带着王伟去离村上最近的卫生院消毒和打针，直到半夜才送王伟回到家。

夜已深露已重，归途中的王值军远比来的时候轻松了许多，他甚至吹着口哨挥舞着刚在地上捡起的"宝剑"，准备与地上的影子来一场"男人间的战斗"，但心中无意间响起的一声"孩子"打破了他这难得的轻松时刻。

是的，孩子。因为自己临时起意的家访，学校里的住校生还未来得及安排，自己的孩子也没人照顾，这可怎么办呢？快点儿，再快点儿，家访耽误了些时间，学校里还有很多事情没做，明天的课还没备完，思及此，王值军不禁奔跑起来。

回来的时候，家里年幼的儿子在住校生的帮助下，正在吃没有泡好的泡面。"爸爸，你怎么才回来？"孩子泪眼婆娑地问，住校生们也都满脸委屈。

"对不起啊，我回来晚了。"

这声对不起，是对自己忙于工作而忽略年幼孩子的道歉，更是对没有兼顾到的住校生的愧疚。王值军无法用言语来表达此刻的心情，他只知道自己今天的选择没有做错，他庆幸自己又"救"了一个孩子。

义务摆渡学生

青山连绵，绿水逶迤，晃悠悠的小木船穿梭其间，如诗如画；木船上孩子们嬉笑打闹，笑声悠扬，如歌如梦。

"老师，我要考你一下，请你用一首诗来形容眼前的美景！"一个孩子调皮地说道。

"哈哈哈……"撑船的船夫大笑起来，笑声在山谷间肆意飘荡，那笑声，有一分畅快，三分洒脱，六分狂妄。"好啊，要是我答出来一首，你也要背一首！"船夫继续说道。

"那算了，我肯定比不过你，你是老师啊。"小孩子立马反悔。

是的，这个撑船的船夫就是孩子们的老师——王值军。他身着短袖上衣，穿着牛仔裤，熟练地撑着小船。此时的王值军身兼数职，不仅是老师、校长，还是船夫。

当时，新建的盘山教学点非常漂亮，学生和家长都很喜欢，但也有一个最大的难题，那就是交通不便。盘山教学点在青山水库的中上游，三面环山，像一座孤岛，进出都要靠船。但摆渡船的运行时间并不规律，且船费也比较高，有很多偏远地区的适龄儿童因交通问题不能按时到校上课。为了解决这个问题，王值军自费做了一条小木船，用来摆渡学生。每天早晚，王值军都会摇着自己的小木船接送孩子。小木船的寿命有限，且使用频繁，没多久就坏到无法修补了，王值军只好又购买了一条小铁船，前后总共花费1万多，相当于他当时3年的薪水。这意味着王值军买了这条小铁船以后，要过3年节衣缩食的日子。

但没办法，谁让他留下来了呢？他心甘情愿为这些孩子付出所有。所以，能干又能吃苦的王值军上课是老师，教学生文化知识；下课是船夫，运送偏远地区的孩子回家；遇到不能驾船的坏天气，他又变成"家长"，收留不能回家的孩子们，给他们做饭，辅导他们写作业，安排他们睡觉。尽管生活艰苦，但王值军乐此不疲。后来，随着盘山一桥、盘山二桥、尺冲三桥的修建，原本交通不便的教学点条件得到了极大改善，孩子们再也不用跋山涉水来上学，陪伴了王值军近20年的船也"歇业"了。

船可以停，王值军却不能休息。他开始用自己的小面包车来接送家远的学生。家住青山镇盘山村，走路上学需要一个多小时的学生祥祥说："每天我们都坐王老师的小车回家，王老师从不觉得我们烦。"是啊，王值军怎么会觉得烦呢？他早已将这些学生视作自己的孩子，就像父亲般宠爱着他们，从不觉得辛苦，更不会烦了。

⊙ 王值军撑船摆渡学生

爱的教育

身为基层教师，王值军始终将教书育人放在最重要的位置；身为一名中共党员，王值军也竭尽所能地帮助库区的居民，在帮助他们解决日常生活的困难同时，也以身作则，为学生树立正确的人生观、价值观，实施爱的教育。

学校旁边的小屋住着一位80多岁的老奶奶，为了生活，她的儿孙都出去打工了，只留下年迈的老人一人在家。老奶奶同样面临着生活用水难的问题。王值军二话不说，在教书之余帮王奶奶挑水，解决王奶奶的用水难题。但对于独居老人来说，除了物质上的满足以外，他们还需要精神上的陪伴，而王值军是最懂他们的人，他时常让住校生去陪王奶奶说话、解闷。

"王奶奶，我们又来啦！"住校生一写完作业，就跑来王奶奶家玩儿。

"下课啦，快来，奶奶给你们拿糕点吃。"王奶奶拿出一早就准备好的零食盒给孩子们分发零食。

这是下课后最常见的场景。最开始的时候，照顾王奶奶是王值军给孩子们布置的德育作业，现在已经是孩子们的日常习惯了。孩子们喜欢和蔼可亲的王奶奶，喜欢听王奶奶讲一些小故事，王奶奶也喜欢和孩子们玩儿，按她的话说，这叫"有人气儿"。老人们认为孩子才是未来的希望，他们很喜欢孩子们的活泼与热闹，所以当遇到下大雨、大雪等极端天气，有的学生无法回家的时候，王奶奶会邀请孩子们来自己家中过周末。王值军也时常会和孩子们一起陪王奶奶聊天，顺便还会给孩子们讲《弟子规》《三字经》，给学生们讲人生道理。

对于王值军而言，看到孩子们去照顾王奶奶，是他最开心的事儿，因为这是从课本上学不到的东西，是实实在在的传统美德教育，是爱的传承。

安全教育不能松懈

"教育是一个慢的过程。"这是王值军经常放在口头的话。在他看来，成绩固然重要，但教育的根本目的是要让孩子们有安身立命的本领，有养活自己的能力和存活于世间的本事。而这一切的前提，就是孩子们要安全、健康地活着。"安全教育"便是王值军除了学习之外最关注的事情了。除了每天来回接送学生，王值军还在课堂上经常进行安全教育。

有一年暑假，王值军像平时一样到村子里进行家访，猛然间看到眼前的河里有一个孩子在游泳。他平静的心立马就悬了起来，连忙跑过去将河里的孩子喊出来，定睛一看，就是自己班里的孩子。王值军顿时火冒三丈："怎么回事儿，谁让你在这里游泳的？"

孩子一看是王老师，立马蔫儿了："老师，夏天太热了，我在家里没事儿干，就想着出来玩一会儿。"

"老师有没有说过，不能一个人到河里游泳？如果真的想游泳的话，一定要有家长陪同！你怎么不听话呢？这里人烟稀少，万一你出点儿事儿，大中午的哪里有人来救你呢？到时候，你让家里的爷爷怎么办，让在外打工的爸爸妈妈怎么办？有没有想过后果？"王值军严厉批评道。

"老师，我知道错了，求求您别告诉我爸爸，我保证以后再也不敢了。"孩子耸着肩，喃喃保证道。

看到认错的孩子，王值军一时有些心软。但他知道，安全问题至关重要，学生性命大过天，他对这种情况不能姑息。于是，他将孩子送回家，跟孩子爷爷说明情况，让孩子爷爷以后严加看管，并且给孩子的父亲打电话，让孩子父亲承诺以后每个星期会带着他到镇上的游泳馆游泳，这件事儿才算了结。

在王值军看来，安全是一切的前提，安全教育是永恒的主题。

⊙ 王值军给学生们做安全教育

四次拒绝进城

王值军身为20世纪90年代中等师范学校的毕业生，他其实有很多发展的机会，但都被他自己放弃了。

2009年是王值军妻子离世后的第二年，妻子的离世让他愁白了头，工作的压力让他累弯了腰，他苍老得根本不像是正值壮年的男子。那年，恰逢地方教育部门的领导来到库区进行考察，他们看到如此苍老的王值军大为震惊，便向青山镇教育站的相关领导说明情况，领导们也同情王值军的遭遇，提出要将他调离库区前往镇中心小学工作，但是他因为舍不得库区的孩子们，不愿把孩子们丢在库区，便婉言拒绝了组织上对他工作的调整。

2011年，伴随着国家对乡村基础教育要求的提升，地方教育部门和相关的行政领导着手调研管辖区域内的村小教育开展情况。崇阳县政府和教育局相关领导在青山库区的教育调研中发现，青山库区的村小教育相比之前取得了质的飞跃，而这离不开王值军的付出。这年的王值军才35岁，正值壮年，但他的身体素质远不如其他同龄人。因为长时间的授课以及学校日常事务，他的关节因痛风而严重变形，以致王值军在很多时候行动不便。面对这种情况，前来调研的工作人员对王值军说："这些年您因为库区的教育，已经付出了很多，现在您的身体也出现了严重的不适，基于您如今的身体状况和家庭情况，您应该去物质条件稍微好一点儿的县城执教。"王值军很感谢领导的体谅，但他仍然拒绝："这里情况特别，条件不好，我习惯了，别人来不了，我也放心不下库区的孩子们。"在此之后，县领导又连续两次向王值军提出为他调整工作，都被他拒绝了。县领导看到王值军扎根库区、服务库区的决心如此坚定，只好作罢。

王值军作为新时代的义务教育工作者，在致力于为乡村孩子提供更好的学习条件方面，付出了很多。对于王值军来说，在他挚爱的教育事业上，他是成功的，但在照顾家庭方面，他却有失败的地方：妻子身患重病，他无暇顾及；妻子离世，他来不及悲痛；儿子年幼，他更是无法照顾；父母年迈，他也没有时间尽孝。夜深人静时，想起早早离世的妻子和年幼失去母亲的儿子，他也曾遗憾过，却从未后悔。他将自己的热血和爱都奉献给了自己钟爱的教育事业，给了三尺讲台，给了库区的孩子们。他就像父亲一般，陪着库区孩子长大，送他们到更远的地方，去追求自己的梦。

关爱特殊儿童

才为师之本，德乃师之魂。

在王值军看来，"德"才是一名优秀教师必备的素质，而一名优秀教师最基本的素养就是平等地对待每一个学生。

下课后的操场是学生们的天堂，男孩子们围着一个足球跑来跑去，女孩子们则快乐地跳着皮筋，好不自在。然而，这番热闹的场景却不属于佳佳。佳佳是一个中度听障儿童，身体的缺陷使得她非常自卑，她不愿与同学们打交道，总是一个人默默地坐在教室里写作业。这天下课，王值军看到佳佳又一个人在教室里坐着，便上前问道：

"佳佳，怎么不出去和同学们玩儿？"

佳佳没有回答，默默低下了头。

"哎，"王值军边比画边说，"佳佳，同学们其实都很喜欢你，你要大胆些。"

佳佳指了指自己的耳朵，再次沉默。

王值军既心疼又无奈，第一次遇到有听力障碍的孩子，他也有些手足无措。佳佳聪明伶俐，很招人喜爱，但听力障碍像一堵无形的墙，把她和小伙伴们分隔开来。班级里的每一个孩子，都是王值军的宝贝，不论健全与否，都不应该被放弃，王值军觉得自己得更加关注这个孩子。

于是，课上，王值军会精准把握上课节奏，专门留时间给佳佳，找一些简单的问题让她回答，尽管佳佳发音含糊不清，有时还会因为过于紧张而无法开口说话，但是王值军和班里的孩子们毫不在意，他们会耐心地等佳佳开口说话，认真地听佳佳回答，及时用掌声鼓励她，使她获得信心。

课下，王值军翻阅了很多关于听力障碍学生随班就读的理论和实践书籍，掌握了一些简单可行的指导方法，拉着佳佳的手进行一对一的"补课"，一边做口型一边用手比画，教她发音，帮她开口说话。

除此之外，王值军还教导学生们要乐于助人，关爱同学，与佳佳交流时，要放慢语速，加上肢体动作，让她不怕张口、愿意张口、乐于张口。

逐渐地，佳佳不再自卑与胆怯，她变得开朗起来，成绩越来越好，人也越来越自信，越来越能融入学校这个大集体中，操场上再次响起了跳皮筋的歌谣，这次的声音来自佳佳：

"小汽车，嘀嘀嘀，马兰开花二十一……"

帮学生"调教"孩子

2019年9月，秋天泛着丝丝凉意，尺冲小学在家长的期盼中开学了，低年级孩子们的家长在门口紧张地张望，生怕孩子刚开学不适应；高年级的孩子背着书包往学校里跑，生怕自己迟到；还有一些小商贩，拿着自己的货品在叫卖，校门口熙熙攘攘，好不热闹。

开学的第三天，学校迎来了一位"不速之客"，一个衣着光鲜的男子，左手拉着一个行李箱，右手牵着一个小女孩，来到王值军的办公室。

"王老师，您好，您还记得我吗？"那男子一脸忐忑而又期待地问道。

"怎么不记得，你不是舒密吗？我听你父母说你现在在广州生活，什么时候回来的？"王值军清楚记得自己教过的每一个学生，尽管舒密变化比较大，王值军还是一眼就认了出来。

"我前两天才回来，想着来看看您，毕竟没有当时您的帮助，我也不可能有今天。"舒密感慨道。

"主要是你自己踏实能干，老师并没有做什么。这次回来待多长时间啊？有时间多陪陪父母，他们老两口不容易啊……"王值军嘱咐道。

"我晓得呢，王老师，"舒密回应道，紧接着他赶忙说出自己此行的目的，"我这次回来主要是想请您帮个忙。"

"怎么了？是工作上遇到什么问题了吗？"王值军立马严肃起来。

"工作方面没有问题，就是……哎，就是这孩子的教育问题，我实在是没有办法了。"说着，他将身边的小女孩儿向前推了一下。只见那小女孩儿两手交叉抱在胸前，先是对自己的父亲翻了个白眼，又一脸不屑地看着王值军，一声不吭。王值军育人无数，遇到过各种各样的学生，一看这个小女孩儿的行为，就知道她是一个"问题儿童"，肯定是家里的"小霸王"，是被家人千娇万宠呵护着长大的孩子。

"这是你的女儿吗？长这么大了，时间过得可真快啊，你也成为一名父亲，更有担当了。"说着，王值军拿起平时准备奖励给学生们的零食递给小女孩儿，对小女孩儿说，"王老师还没有去过广州呢，不知道广州的学校长什么样子，你要不要逛逛我们学校，帮老师看看广州的学校和我们的学校有什么不同啊？"王值军知道接下来会谈及孩子的教育问题，让孩子在现场有点儿不好，便打发孩子出去玩。

"王老师，不瞒您说，这孩子从小跟着外婆长大，被惯得无法无天，在广州谁也不怕，没有什么是她不敢干的。别人国庆放烟花，我家国庆烧房子，就这样还说不得骂不得。但是自己的孩子不管不行啊，我给她请家教，惹得没有家教老师愿意教她，给她送去训练营，训练营也管不了她，实在没有办法，我只能请您帮忙了。您当时用了两年时间将我改造出来，我想您也一定能成功改造我的孩子，求您帮帮我，王老师。"舒密恳求道。

看着舒密急切的样子，王值军调侃道："现在知道带孩子困难了，也不知道是谁小时候最调皮捣蛋，一个五年级的学生就敢挑战六年级的学生。"说着，师生二人都笑了，都不由得想起舒密五年级时的样子。那时舒密和六年级的同学闹矛盾，两人相约在小树林打架，还不允许告诉老师或家长。打完架以后，舒密为了不让家长看见伤痕，身上再疼也不敢说，一个星期不敢洗澡。王值军直到上课时发现他的小拇指肿大，才紧急将他送医院处理，并且在其他学生那里了解到事情的来龙去脉。最后由于长时间耽搁，舒密的小拇指指筋已断，手指会永远僵直。因此，舒密曾一度堕落，不愿学习，还是王值军每个星期去他家里进行家访，并利用舒密强烈的好胜心重新唤起了他对知识的渴望，最后舒密不负众望考入了重点大学。

"你这是虎父无犬女，一脉相承啊。"王值军调侃道。

"王老师，您就别笑话我了，我已经知道自己小时候是多么'可恶'了，但这个孩子跟我当年比可真的是有过之而无不及，还麻烦您多帮我照看着，辛苦您了。"就这样，那个桀骜不驯的小女孩被留在了尺冲小学。

王值军知道如果不帮这个孩子改一下脾气，以后的教学肯定难以进行，但她一身"反骨"，连话都不愿意说，这可怎么办呢？王值军想了想，准备先与小女孩儿套近乎，让孩子打开心扉愿意交流，再了解一下她的基本情况，帮助她适应新环境。

"雅熙，最近在我们学校待得怎么样？习惯吗？我听你爸爸说，你一把火把广州的大房子给点了，你可比你爸爸小时候更胆大哦！"

"你认识我爸爸？我爸爸小时候怎么胆大了？"孩子对自己父母的事儿总是充满好奇的，在王老师的循循善诱下，小雅熙终于张口了。于是，王值军便讲起了舒密小时候的糗事，在两人分享秘密后，小雅熙终于卸下所有防备。但远离家乡、来到偏远山区的雅熙总是需要一个适应的过程，她的大小姐脾气也一时难以改变——她经常会和同学们发脾气，有时甚至会和老师起冲突。

王值军一筹莫展，不知道该怎么处理。机缘巧合下，他看到了湖南卫视播出的节目《变形计》中的一期"公主李耐阅"，他认为这期节目不仅适合给小雅熙看，也能给其他学生提个醒。于是，王值军决定开个以感恩为主题的班会。在班会上，他用一节课的时间播放了视频，展示了李耐阅身份转换后的一些变化，看到一些感人的情节时，很多学生都流下了感动的眼泪。王值军知道这次班会已经在他们的心里埋下了一颗种子，他们会懂得父母的不易，学会感恩。在这次班会后，小雅熙也有了很大变化，她会正视自己的错误并主动改正，她与同学的摩擦减少了，与老师的冲突没有了。现在的小雅熙已经变成一个非常开朗乐观、自信爱笑、听话懂事的女孩儿。

从小雅熙的身上，王值军也明白了一个道理：老师只有有耐心，才能走进学生的心灵深处。

"捡破烂"的王值军

随着科学的迅速发展，教育教学要求的提高，全国中小学的硬件设施和教学水平都有了很大的改善，库区教学点也不例外。2019年，为了更好地丰富孩子们的课间活动，使他们的身体得到锻炼，心理健康发展，王值军又开始努力了，他想方设法四处淘换体育运动器材。可是俗话说得好，一分钱难倒英雄汉，添置教学设备和体育运动器材迫在眉睫，但学校资金有限，王值军的工资也不多，更何况他经常资助学生、补贴学校，自己早就入不敷出了，更别说花钱去买器材设备。关关难过关关过，为了孩子，王值军没有什么做不到的。

有一次，王值军在华陂小学进行观摩学习时，无意间看到华陂小学的杂物间里放着两张闲置的乒乓球台，这可不得了，王值军就像发现新大陆一般与华陂小学的校长来了一场"极限拉扯"。

"校长，我刚才参观了咱们华陂小学，我发现学校建设得真好啊，有很多值得我们学习的地方，尤其是操场，篮球架、乒乓球台应有尽有，比我们学校齐全多了，真让人羡慕啊。"王值军先对华陂小学进行赞美。

"哈哈哈，王校长过誉了，我们学校也是一步步完善的，你们学校是新建的，迟早有一天这些硬件设施也都会有的。"华陂小学校长谦虚地说。

"对对对，慢慢都会好的。我刚才看到你们学校有个杂物间，里面有两张新的乒乓球台没有使用啊，这是怎么回事儿啊？"王值军装作不解。

"那两张乒乓球台啊？是因为操场太小放不下，就暂时闲置下来了。想着等过段时间把旧的乒乓球台替换下来呢。"华陂小学的校长没有领悟到王值军的真实意图，如实回答道。

"校长，你看你们学校摆不下，我们学校又没有，您要不发发善心，分我们学校两张呗！我们也不贪心，您就把即将换下来的那两张旧的乒乓球台给我们就好。"王值军一脸谄媚地说道。

"这不合适吧，再说也不合规矩。"华陂小学校长拒绝了。

"没有什么不合适的，您也知道修建一个学校多不容易，孩子们到现在还都没见过真正的乒乓球台呢，多可怜哪。咱们互帮互助嘛，以后，您有需要，我也肯定会义不容辞提供帮助的。"王值军保证道。

众人看到此情此景，都默默地笑了，一起帮腔道："您就帮帮他吧，都不容易，况且就算您答应了，老王一个人也搬不回去呀！"在众人的劝说下，华陂小学校长也承诺道："只要你能搬回去，那两张旧的乒乓球台就是你们学校的了。"华陂小学校长松口后，王值军欣喜若狂，赶快打电话招呼村民开车来帮忙抬乒乓球台，几个人费了九牛二虎之力，如获至宝般将两张旧的乒乓球台给运了回去。

至此，王值军舍下脸面，总是骑着吱吱作响的自行车跑到周围的学校，去讨要旧的器具。

"老王，又来'捡破烂'了？"水库小学的门卫大爷调侃道。

"哎，这怎么是'捡破烂'呢，这明明就是变'废'为宝，我是不忍心这些物件被扔了。"王值军看着水库小学淘汰下来的桌椅高兴极了，来不及与其他人寒暄，忙嘱托道："大爷，你可要把我的宝贝看好了，我回头找人来拉，缺一个都不行啊！"

"哈哈哈，好嘞，您放心吧，也只有您把这些'破烂'当宝贝！"门卫大爷回应道。

在王值军看来，"捡破烂"并不丢人，他反而引以为傲。他经常给学生讲节约的故事，也会满脸骄傲地对学生说："水库小学的桌椅、华陂小学的乒乓球台和篮球架，现在都在咱学校放着呢。"他践行着勤俭节约的传统美德，用自己的言行去影响、引导和教育学生。

王值军"捡破烂"，表面捡的是学校的教学用具，实则拾起来的是学生的希望。他除了为学生们奔走、添置用品外，还自费为他们购买本子、铅笔、直尺等日常学习生活用品，为库区的基层教育付出了太多太多。

老王的骄傲

时光清浅，岁月流转，王值军的脸上也增添了几道皱纹，头发也愈加花白，就连称呼也从原来的"小王"变成了"老王"。这天，王值军骑着自行车从村口路过的时候，村民们热情地与他打招呼。

"老王，听说又有一个学生考上大学了？"村民王大叔问道。

"哈哈哈，你也听说了，是啊，是王丹，她考上了武汉科技大学。"王值军开心地回答。

"真不容易啊，咱这地方出了好几个大学生了吧？"村民刘大婶感叹。

"没几个，也就四十多个吧！"王值军看似谦虚，实则骄傲。

"四十多个？这么多啊？都有谁啊？"村民杨奶奶震惊了。

"不多不多，就王淼考上了南昌大学，李志雄考上了武汉大学，王丹考上了武汉科技大学，王偶考上了西南民族大学，王哲考上了哈尔滨铁道学院……"王值军如数家珍般，一一数说着他考上大学的学生。

村民们看着王值军那神气的模样，都笑了，笑着笑着，不禁感叹道："王老师，您一个本来有着大好前程的年轻老师，常年窝在这山沟沟里给孩子们教书，受委屈了。"

"是啊，王老师，您让不足千人的小山村出了四十多个大学生，这在以前，我们想都不敢想，您真的辛苦了。"

"辛苦啥，有啥好辛苦的，孩子们考上大学，我开心呢。"王值军不以为意地说道。

是的，这些孩子们能考上大学，王值军功不可没。相比于城镇学校，库区生活条件艰苦，学习条件落后，唯一的知识来源就是课本，其余的知识来自王值军的言传身教，可以说，王值军为库区教育事业的进步起到了积极的推动作用。

有人会感慨王值军的才华被埋没，有人会心疼王值军鳏夫生活的辛酸，也有人会替王值军觉得可惜。但在王值军心里，在库区遍尝种种艰辛，皆是他心甘情愿！库区里的那些孩子，皆是他的最爱！库区的生活辛苦，但王值军痛并快乐着。

# 第四章　育人育己共前行

扫码解锁

◉群英颂歌◉责任担当
◉扎根基层◉奋斗底色

那个三层书架

王值军从小就爱读书，工作之后更是如此。他认为当前农村与城市的教育存在较大的差距，作为一名村小的基层教师，只有努力学习提升自己，才能更好地教书育人，才能适应当前的社会环境。为了更好地迎接工作上新的机遇和挑战，他始终坚持充实自己。因此，在教书之余，他便通过坚持阅读来丰富自己的学科知识，更新自己的教学理念，努力跟上时代的步伐。这样一来，书架便独得宠爱，王值军最喜欢在书架前驻足。

王值军有一个三层书架，分门别类地摆放着他的宝贝，最上层放的是《教学参考》《字词句》《作文指导》《教育学》《心理学》等，主要用于了解最新的教学政策和保障学生的心理健康；中间一层放的是《新华字典》《现代汉语词典》《十万个为什么》《千万个为什么》《大学》《中庸》等，主要用来提升相应学科的专业知识；最下一层放的是《中国古代神话故事》《中国上下五千年图集》《西游记绘本》《西游记卡通图集》《童话故事绘本》等，主要用来提升学生们的阅读兴趣。王值军的书架相当于学校的小型图书馆，在保证图书安全的前提下，学生们可以随意借阅。在王值军的影响下，孩子们也纷纷喜欢上了阅读。

这天，夜幕降临，弯弯的月亮缓缓升起，活泼可爱的孩子们都已经回家了，学校也迎来了难得的寂静时刻。只见灯火通明的房间里，一个小女孩儿静静地坐在书架旁的桌子前，认真地翻阅着手里的绘本，有时捂嘴一笑，有时沉思不语，有时不禁读出声来，有时还会盯着一幅图一看就是几分钟，一动不动。这个女孩儿就是四年级的纱纱。王值军备完课看到这一场景，不禁问道："纱纱，又在看书啊？"

"是的，王老师，这本书好看极了。"纱纱回道。

"该睡觉了，明天再看吧。"

"那王老师，我一会儿想听您讲故事。"纱纱向来聪明敏感，知道王老师像父亲般爱他们，不禁撒娇道。

"好，老师一会儿就给你们讲故事听。"说着，王值军便拿着洗脚盆去打水给孩子们洗脚，然后利用给孩子们洗脚的工夫讲故事。孩子们认真地听，王值军娓娓地讲，经常洗着洗着忘却时间，直到水凉透，故事讲完了，他们才心满意足地去睡觉。但纱纱不一样，她爱书如痴，经常在孩子们嬉笑睡觉后，一个人又静静回到书桌旁，认真仔细地读书，经常读着读着，慢慢地趴在桌子上睡着了。王值军看着桌子上的小身影，不禁想到了曾经的自己：下课后同学们追逐打闹的教室里，身板稍显单薄的小少年默默地坐在角落里安静地读书，形成一道独特的风景线。

想着想着，王值军默默笑了，因为他知道，他们有共同的爱好，那便是读书，他们也有各自的梦想要去追逐，而那个三层书架，就是他们追梦路上最好的见证。

复式教学法

那些年，库区的教学点教学条件差，教学质量难以提升，教师待遇也难以保障，老师们都不愿长待，学生自然也留不住，家庭条件好一点儿的家长都会让孩子在县城里租房读书，导致学校学生的流动性非常大，这种情况随着王值军的到来才有所改善。王值军刚建立盘山教学点时，教学点只有三个年级，一个老师。而三个年级的所有科目，皆由王值军一人来教。于是，王值军便采用复式教学法来开展教学工作。

复式教学法在当时师资力量极度缺乏的农村是比较常见的：比如学校有一、二、三年级，总人数不多，老师数量又少，那么教师为了方便管理，也为了保障学生的安全，就会将这三个年级的学生安排在一个比较大的教室里上课，让三个年级共用一个教室、一个教师。一般情况下，教师会在教室前后分别设置一张黑板，一、二年级人数比较少，就让他们面向教室前面，用粉笔将前面的黑板一分为二，左边供一年级学生使用，右边供二年级学生使用。至于三年级，则面向教室后面，单独"享用"一块黑板。这种教学方法听起来有点儿不可思议，但王值军却将其安排得十分妥帖。这堂课如果要给一年级上课，他就会提前给其他两个年级的学生布置好任务，让他们预习课文或者写作业。这样在上课期间，王值军就可以兼顾每个学生，即使有学生开小差，王值军也可以及时发现并提醒。就这样，王值军利用复式教学法，保证了每一个学生受教育的机会，帮助库区的孩子圆梦。

"一遍清"教学法

复式教学法是王值军的无奈之举，虽然能照顾到每一个学生，但毫无疑问的是，当他给一个年级的学生上课时，其他年级的学生多少会受到些影响。为了保障教学质量，王值军便同时采用了"一遍清"教学法：即适当放慢教学速度，讲授新知识时力求深而透，帮助学生建构完整的知识体系；同时，习题训练保证质量，力求少而精，突出能力培养。这种教学方法，不仅能够满足不同水平学生的需求，逐渐提高学生接受度，还能将学生从茫茫题海中解救出来，让学生有空余时间去独立思考，学会举一反三。实践证明，王值军的"一遍清"教学法无疑是成功的，熠涵便是一个很好的例子。

熠涵是一个比较内向的孩子，妈妈离家出走，奶奶八十多岁独自抚养她，祖孙俩相依为命，家庭生活艰苦。和其他小朋友不同，小熠涵没有快乐的童年生活，母爱的缺失、生活的贫困使得她懂事且自卑，她总是沉默寡言、胆小怯懦，和别人说话也总是战战兢兢的，不敢敞开心扉。在小熠涵看来，她是没有朋友、没有家人、没人疼爱的小孩。王值军自然注意到了小熠涵的不同，很是心疼，并对她格外关注，发现她学习比较吃力，便为她一度放慢授课速度。语文课上，王值军总是先把生字、课文、组词抄写在黑板上，每天早自习组织学生朗读，小熠涵则是王值军的小助手，王值军会带着熠涵一起领读拼音、生字、古诗、课文……只要读完，王值军就总会及时夸奖她："你很棒！你真棒！发音真标准！"渐渐地，王值军的语文课上经常响起二重奏，每个学生都争当小老师，而小熠涵也在这活跃的课堂氛围中敞开心扉，变得自信起来。

王值军常说："一名真正的好老师，并不是为了教书而教书的。过去，老师以讲解为主，现在要以引导为主，多做教学反思，多写教学心得，不断总结，不断进步，才能在教育的路上走得更远。"在王值军的努力下，他所带的班级成绩在镇里始终名列前茅。王值军在基础教育阶段为学生们打下了坚实的基础，正因如此，王值军的学生中有近50人后来考上了大学。

爱家访的王老师

王老师爱家访，这是学生和家长都知道的。王值军有一个习惯，他几乎每天都要进行家访，寒暑假也不例外。有的时候他会趁着接送学生的时间和学生的父母简单聊一下他们的学习近况，更多的时候他会直接到学生的家中与家长面对面交谈。他说："学生的生活很简单，无非就是学校和家庭两个地方，学生的教育也很简单，无非是家校联合，共同努力。在学校的时候，学生们都在我的眼皮底下，谁学习谁不学习我都能一目了然。但是，在家是什么情况，就要到家里进行了解。"所以，王值军给自己定下一个小目标，那就是每个学期到每个学生家里家访至少两次，力求了解每个学生的学习生活情况。也正是因为王值军几十年如一日的家访，他知道很多学生的"小秘密"。

有一次，王值军照常到一个学生家里进行家访。正当他和学生奶奶聊得热火朝天的时候，另一个学生悄悄地跑到王值军身边说道："老师，我给你讲一个小秘密。咱们班的小强从山坡上摔下来了，但他不敢跟爸妈说，现在一个人悄悄地哭呢。"王值军一听立马认真起来，忙问道："知道是在哪个山坡上吗？现在他在哪里？"问清状况后，王值军马不停蹄地朝小强家里走去。小强的家长看到喘着粗气的王老师，边纳闷儿边招呼道："王老师，跑得那么急干什么，赶快喝口水缓一下。您吃饭了没，我们正在吃饭呢，给您添一双筷子啊？"

王值军喝完水，缓了一口气，看到忙碌的家长连忙拒绝道："别忙了，我吃过饭了，来家里主要是想看一下孩子。"转身对小强说："你有没有什么话要跟老师说啊？"

小强眼神躲闪，但也不敢不答："老师，怎么了？您、您找我有什么事吗？"

看着支支吾吾的小强，王值军单刀直入道："听说你从山上摔下来了，摔到右胳膊了，现在还疼吗？"

一旁家长连忙问："你啥时候摔的，怎么没听你说呢？"转身又对王值军说："没事儿，王老师。小男孩儿调皮，摔摔打打很正常。刚才他还用右手吃饭呢，应该是没问题，您不用担心。"

王值军一听此话，有些不悦："从那么高的山坡上摔下来怎么可能没事儿？我刚才听其他孩子说他摔得右胳膊都抬不起来，哇哇直哭呢。"小强见状只好承认道："王老师，我是摔着了，现在右胳膊还疼着呢，刚才怕我爸妈知道，强忍着痛吃的饭，现在胳膊抬都抬不起来了。"看到涕泗横流的学生，王值军既生气

⊙ 王值军到学生家中家访

又心疼："快别哭了，王老师带你去医院。"说罢，便开车带着家长和小强向医院赶去，这次家访，他挽救了一个学生的胳膊。

家访，是了解学生最直接的方式。王值军始终认为了解学生，不仅要看到学生在校表现，还要深入其家庭，了解他的生活环境，只有这样，才能真正走到学生的心里去。

自费学电脑的王老师

21世纪是互联网的时代，随着互联网的普及，村小和城镇教学上的差距越来越大，开展计算机教育迫在眉睫。但对于村小来说，计算机可以找到，计算机老师却难寻。"巧妇难为无米之炊"，哪怕是万能的王值军，这时候也束手无策。于是，"我要学电脑"这个念头就像魔咒一般，萦绕在他的心头，久久不散。他想方设法，积极为自己争取到学习电脑的机会，弥补自己在计算机教学方面的空白。

2007年暑假，王值军在完成暑期特定教学任务之后，自费去崇阳县城第四小学学习电脑操作。他像个真正的学生一样，跟着老师学习电脑开机、关机、联网、打字等基本操作，努力学习计算机的基本应用。当然，对于新的教学环境下教师应会的PPT课件制作、微课视频录制，王值军也在对同行的"死缠烂打"下，逐渐熟练。一个暑假过去了，王值军不仅学会了使用计算机，还探索出一套适合当地小学生学习的计算机课程教学方案。

到了2016年，互联网技术进一步发展，王值军原有的计算机操作技能已经无法满足当下小学生的实际学习需要了。为了紧跟时代的步伐，适应新式计算机教学，王值军再次踏上求学路。但县城比较小且落后，而且没有专门进行电脑培训的学校，没办法，王值军只好利用暑假的时间，变身"打工仔"来到县里的一家品牌电脑零售店，让店里的老板教授他电脑知识。他对老板说："老板，我是库区的老师，这个暑假我想来您的店里打工，这两个月我可以不要报酬，但只有一个请求，就是工作的闲暇，让我使用电脑，学习一些电脑知识，我好回去教给学生，您看可以吗？"王老师是县里的"名人"，他的请求老板怎能不应允？就这样，王值军利用空闲时间，积极向店里所有的人请教，学会了更多的电脑操作技巧，终于可以胜任小学日常计算机教学的工作。

王值军向来乐观与坚强，他最不缺的就是拼搏精神，最不担心的就是从头开始，但他害怕自己与时代脱节，更害怕自己不能给学生提供应有的教育，让孩子们落后于他人。为了学生，为了自己，为了未来，为了梦想，他一直在奋斗。

班级管理现代化

光阴最是无情，催熟了田间的麦苗，催长了孩童的年岁，催生了王值军的白发，当然它也吹来了青春的气息，吹响了时代的号角，吹出了科技的变革。学会电脑操作后，王值军对互联网有了更深的了解，并且渐渐发现手机成为人们的必需品，网络应用无处不在，就连库区的小学也联上了网，期望打破农村与城市间的藩篱，让农村的孩子也能看到外面广阔的世界。王值军为人循规蹈矩，但并非老古董，他不排斥新鲜事物，也渴望利用互联网来提高学生的成绩，提高班级管理水平，缩小山里孩子与城里孩子的差距。但不可否认的是，他不习惯也不会使用互联网，更无法用这些技术来服务学生，这也使得他在教学上很难突破。王值军不由得反思库区教学点班级管理效率低下的原因：

一是受农村地域发展的限制。对于农村小学来说，要想改进教学方法，运用先进的教学设备，就需要大量的投入，而农村作为基础教育最薄弱的地方，教育经费有限，学校没有足够的资金去更新教学设备。

二是硬件条件艰苦，交通不便，人才引进的难度较大。现代化的教学管理手段，必须和信息技术联系在一起，对于库区小学来说，引进一批专业技术型人才是非常必要的。但是库区小学地理位置偏僻，待遇不够好，很难留住技术型人才，直接导致学校教育管理技术的落后。除此之外，学校虽然有多媒体教室，但数量不多，且部分设施已损坏，很多教师也不会操作，致使多媒体教室使用频率并不高，仅在上公开课或者趣味课的时候使用，这不仅是硬件上的浪费，也是教学质量难以提升的原因之一。

发现问题、分析问题、解决问题，是王值军应对困难的方法；敢于直面问题，迎难而上，是王值军的人生信条。面对这种现状，王值军在开展教学工作之余，利用网络查阅资料，努力学习并掌握现代化的班级管理方法。通过学习，王值军明白班级管理工作的展开是一套完整的生态系统。系统性的方法对于库区小学的班级管理而言，就是要求他把学校的教学活动作为一个整体进行管理，全面把控、具体实施，他致力于构建科学的管理制度，保证教学计划的顺利实现，努力培养德、智、体、美、劳全面发展的学生。因此，在之后的教学与班级管理中，王值军通过信息的积极反馈，及时了解班级管理现状，找到问题所在并解决，从而提高教学质量、提升班级管理水平。在教学活动开展之前，他会对影响教学目标实现的各种因素进行控制，为实现教学目标打下坚实的基础；在教学活动之中，他会对教学的各个环节、阶段进行把握，增加实现教育目的的可行性；在教学活动之后，他会对教学结果进行有效检查，看有没有达成预期教学目标。

正是因为王值军敢于直面问题，努力学习现代化的班级管理技能，使得他在库区的工作成绩得到了社会各界人士的关注，也使得库区小学的教学逐渐走入了大众视野。

与贫困户结对帮扶

2015年11月23日，中共中央政治局审议通过《关于打赢脱贫攻坚战的决定》，指出确保到2020年农村贫困人口实现脱贫，是全面建成小康社会最艰巨的任务，号召全党凝心聚力，精准发力，苦干实干，坚决打赢脱贫攻坚战，为全面建成小康社会、实现中华民族伟大复兴的中国梦而努力奋斗。王值军作为一名党员，积极响应党的号召，毅然决然地投身到脱贫事业中，为全面建成小康社会贡献自己的力量。

2016年，王值军被安排与东流村的沈保兰结对帮扶。沈保兰是东流村的五保户，膝下无儿无女，物质条件匮乏，精神上也很空虚，她害怕自己一个人待在家里，总是默默地坐在家门口拿着

⊙ 王值军在教室里备课

簸箕边挑豆子边看孩子们做游戏。王值军了解沈保兰的情况后，既心酸又心疼，便每两周到沈保兰家中登门看望她一次，确保沈保兰的个人安全，同时也让她体会到人间的温暖。

有一个星期天，阴雨连绵，雷声阵阵。王值军忙完手头的工作，正打算躺下休息片刻，手机铃声便响了起来。

"王老师，沈保兰生病了。"来电人来不及寒暄，声音急切，语速飞快，让王值军立马慌张起来。王值军深吸一口气，稳了一下心神，问道："别慌，目前具体是什么情况？送沈保兰到医院了吗？"

"现在沈保兰已经被送到医院了。"来电人回答道。

"好的，我马上赶过去，有什么情况你们先帮忙安排一下，辛苦了。"挂完电话，王值军来不及多想，拿起雨衣披在身上便骑着摩托车赶往医院。雨天走山路，摩托车并不安全，但突如其来的意外让王值军不敢耽搁，摔跤了他就爬起来，遇到陡坡便下来推车，推一段骑一段，走走停停，紧赶慢赶，终于到了医院。赶到医院时，王值军衣衫尽湿，满身泥泞，但他无暇顾及，只见王值军跑上跑下，挂号办手续缴费，好不忙碌。医生提出，沈保兰至少需要住院治疗一周。

这种情况让王值军犯了难，医疗费用会根据扶贫规定来报销，但无儿无女的沈保兰由谁来照看呢？自己留下来护理她，学校里的孩子怎么办？想回去照顾孩子，但沈保兰又不能不管，王值军一时没了主意。他左思右想，绞尽脑汁，突然擦肩而过的护工使他眼前一亮。于是，王值军立马与村干部取得联系，由村委会出面选派本村村民来护理，王值军拿出500元来做护理费，其余部分由村委会负责解决。终于，在王值军的帮助下，在村民们的细心护理下，沈保兰顺利出院。

当沈保兰得知王值军对她的付出后，感动万分，拿着自己晒的小鱼干来到学校感谢王值军，并拉着王值军的手，深情地说："王老师，遇上你这样的大善人，真是我前世修来的福哇！你真是比我的亲人还亲！"沈保兰作为一名低保户，小鱼干是她能拿得出来的最好的礼物，而"大善人"则是她对王值军最真心的称呼。

王值军帮扶的对象不止沈保兰一人。2017年下半年，王值军在尺冲教学点任教，上级部门安排他与当地的贫困户廖小良结对子。廖小良是一个木工，踏实努力、勤奋肯干、手艺精湛，原来的生活虽然说不上富裕，但贵在安稳。然而天有不测风云，一场大病差点儿摧毁了廖小良的家庭，也差点儿压弯这个年轻小伙的脊梁。王值军了解情况后，多次带着营养品前去医院看望他。王值军向来善于观察，且有一定的心理学专业知识，有一次他在探望廖小良的时候，发现他情绪不佳，便问道："小良，今天怎么了，感觉你不是很开心，是遇到什么难事儿了吗？"

"哎，王老师，我心里苦呀！"这个一米七几的小伙子的泪水瞬间夺眶而出，他一脸绝望地说："王老师，老天爷怎么就那么不公呢？我们家里本来就不富裕，好不容易熬过了苦日子，我这身子骨又不争气，生了这么大的一场病。您说说，我现在跟个废人一样，出院以后也干不了重活儿，这日子可咋过啊？有时我都想从这窗户跳下去，一了百了，省得拖累家人。"

"你怎么能这么想呢？人生在世总会遇到一些难事，咬咬牙就过去了。你正值壮年，家人都等着你养活呢，你死了一了百了，那年迈的父母怎么办？年幼的孩子怎么办？人生还长着呢，可不敢有这轻生的想法！别害怕，你有手艺，又踏实，人缘也好，等你出院后，我帮你找工作，这以后的日子肯定会越过越好的。现在最关键的就是你要养好身子，迎接未来的生活，放宽心，别胡思乱想呀！"王值军语重心长地说。

王值军并非随口一说，他兑现了承诺。在廖小良病愈出院后，他积极动员身边的亲朋好友，帮廖小良在县城联系装修业务，仅两个月就让廖小良净赚1万元。这年5月到12月，仅8个月的时间里，廖小良净收入4万余元，成功还清所欠债务。廖小良无比感激王值军，逢人便说："我的运气确实不错，让我碰上了王老师这样的大善人，要不我真不知道今后该咋活。"而王值军却总是说："小良，我们是兄弟，不是你的运气好，而是党的扶贫政策好！"

2017年9月，王值军主动请缨与贫困户廖祖培结对帮扶。尺冲村的廖祖培自小家境贫寒，爱人身体不好需频繁住院治疗，他自己没有一技之长，也没有赚钱的门路，生活一直比较艰辛。王值军认为授人以鱼，不如授人以渔，他经过多次入户探访后，建议廖祖培发展养殖业，并且主动为他联系种源和销路。为了廖祖培，王值军还做担保半现金半赊账地帮他购进了一匹马，用马在山里跑运输。一年之后，廖祖培净赚2万多元，也摘掉了扣在头上多年的"穷"帽子。

王值军是沈保兰口中的"大善人"，是廖小良心中的"幸运星"，也是廖祖培眼中的"伯乐"，他不仅让他们摆脱了贫困的生活，更帮他们重建信心，让他们对生活充满希望，对未来充满期待，对人生充满向往。这样的王值军，怎么不值得人们称赞呢？

帮助新老师成长

2018年9月1日，秋风拂面，吹散了夏季的闷热，吹来了丰收的喜悦，也带来了学生们的欢笑声，尺冲小学开学了。这天，学校迎来了一位新的青年教师——徐超。徐老师是一个有点儿"佛系"的老师，他有点儿懒散，不愿上进，对教师工作也没有激情，所以在前两个学校任教时都没有取得什么成绩，于是他便被安排到尺冲小学教书。徐老师曾以为自己可以"当一天和尚撞一天钟"，在这个学校"混吃等死"，但他没想到，他遇到了王值军这个改变他职业观念、让他爱上教学工作和教育事业的"引路人"。

开学第三天，徐老师眯着眼，拿着教具，缓慢地走进教室，开始了他在尺冲小学的第一节课。王值军身为学校的校长，自然要随堂听课。在课堂上，王值军发现徐老师的专业能力极强，但性格懒散，教学态度也不端正，便在课后与徐老师促膝长谈，了解徐老师的内心想法，以便安排后续的教学工作。在两人深入交流之后，王值军安排徐老师和自己一起教三年级，以便帮助徐老师尽快了解学生和学校的情况。到了晚上，王值军特意带徐超到库区沈舒翔、沈灿宇两名学生的家中家访。

家访路上，王值军向徐超老师介绍道："徐老师，今天咱俩要去两名学生的家里进行家访，我跟您介绍一下这两名学生的家庭情况吧。"

"好啊，辛苦王老师了。"徐超老师满不在乎地回答。

"那就先来说说沈舒翔吧，他们一家四口人，爷爷身患绝症，奶奶常年生病，爸爸长期在外打工，妈妈离家出走至今未回。这孩子从小缺乏母爱，但学习非常努力，一心想着考上大学出去找妈妈，咱这次去他们家里家访，就是想看看他们家最近的生活情况，看看有没有咱们能帮得上的地方。"

"现在还有这么贫困的家庭啊？"徐超老师有点儿震惊。王值军继续说道："咱们库区，很多学生的家庭都比较困难。另一个家访对象沈灿宇，也是一个可怜的孩子。小灿宇父母很早就离婚了，父亲后来再婚了，不方便带着小灿宇一起生活，便将小灿宇留在库区跟着爷爷奶奶生活。他的爷爷前不久中风了，年迈的奶奶精力有限，既得照顾灿宇的爷爷，还得照顾他，所以小灿宇这孩子，很多时候都是自己照顾自己，是个让人心疼的孩子。"

看着侃侃而谈的王值军，徐超不由得问道："王老师，这些孩子的家庭情况您都清楚吗？"

"这是肯定的，咱们学校每一个孩子的家庭情况我都清楚，家庭地址啊，父母工作啊，家里有几口人啊……我都清楚着呢！"王值军笃定地回答。

"王老师，那么多孩子的情况您都要了解，您不累吗？"徐超老师震惊地问道。

"徐老师，刚才我给您介绍沈舒翔和沈灿宇两名学生的家庭情况，您有什么感受啊？"王值军没有回答反而问道。

"感觉这些孩子生活在这么贫困的家庭，可是真不容易啊！"徐超老师感慨道。

"那徐老师，我再问个问题，相比于咱们俩，您觉得谁生活得更辛苦？"王值军继续问道。

"那肯定是孩子们更辛苦，咱们工资虽然不高，但毕竟生活有保障。"徐超老师答道。

"是啊，与咱们相比，更困难的是这些孩子们。对于库区的孩子来说，上学可以说是他们改变人生最好的方式，如果咱们做老师的再不努力，他们可能一辈子都走不出大山，与孩子们的一辈子相比，咱们一时的辛苦又算什么呢？"听完王值军的话，徐超若有所思。

王值军看到徐超有些触动，趁热打铁道："徐老师，一会儿到学生家里去，还得麻烦您多帮忙，了解一下孩子在学习和生活上还有什么困难的地方，回头咱们适当地给予孩子一些帮助。"

"我明白了，王老师，一会儿我会用心观察的。"徐超保证道。

在家访回来的路上，徐超紧皱眉头，沉默不语。王值军看到这样的徐超便问道："徐老师，这次家访有什么感受啊？"

徐超沉思片刻，动情地说："想不到，库区还有这样贫困的家庭，这样坚强的孩子，这样孝顺懂事的学生。这两名学生既要坚持学习，又要照顾家中老人，在这么贫穷的家庭中长大，也没有怨天尤人，这么坚强的孩子真是难得啊！我更应该有所作为，为更多的学生传授知识，为库区的孩子带来希望！王老师，感谢您这次带我来家访，也感谢您的点拨，我会改变的！"徐超真诚地说。

从此，每当王值军在上数学课时，徐超都坐在教室的后面，和学生们一起认认真真地听课记笔记，学习王老师的教学方法；当徐超自己上语文课时，他也总是邀请王值军去听课，希望王老师能指出自己课堂表现方面的不足之处，并及时改进。每天一放学，徐超就抢着改作业，抢着辅导学生，甚至每周都要求王值军带着自己去家访，深入跟踪学生的学习情况与家庭变化。两年的时间，徐超脱胎换骨，已经彻底改变了原来懒散的习性，每年都被青山镇评为"优秀青年教师"，成为学校的骨干。

王值军总是在潜移默化中影响着周边的人，帮助他们成为更好的自己。

接受教学工作技能培训

作为基层老师，王值军深知学习的重要性，因此在长达将近30年的基础教育工作中，他始终坚持参与当地教育部门组织的进修和培训。在培训中，他始终坚持实事求是，坚持培训应当遵循的原则、坚持培训内容的实用性，并在培训结束之后坚持写培训心得体会，以正自身。

在学习的过程中，坚持向行业内领先的同事看齐，他聆听了吴正宪老师的"创建儿童喜欢的数学课堂"、刘连启老师的"小学数学有效教育研究"、刘德武老师的"如何创造性使用教材"等多个讲座。他集众家之所长，努力汲取来自各方的营养，不断充实丰富自己。在刘德武老师的讲座上，他表示自己的心灵深受震撼，有种意犹未尽的感觉，所以在分组研讨中他热情高涨，积极参与讨论。在讲座的聆听中，一起学习的来自邯郸涉县的杨惠霞老师说："创造性使用教材要从'勤于挖掘、敢于质疑、善于改进'三方面做起，一个合格的老师应该先读懂教材、再读懂学生，这样就读懂课堂了。"王值军深以为然，并且认真反思了自己的教学方式。同样在一次讲座中，他听到来自唐山的李淑娟、谷凤荣等老师说："逆向思维是检验学生水平高低的试金石，也是促进学生思维能力发展的磨刀石。教师只有挖掘学生生活中的教学资源，对教材进行重组、加工，才能对教材进行有效的二度创造。"王值军闻此大受震撼，感慨万千，他将所学经验运用到实际教学工作中，效果的确显著。

2019年我有幸参加了暑期湖北省首席信息官培训，这让我有了一个很好的学习提高的平台，其中丰富的知识内涵及精湛的理论阐述打动了我的心，使我的思想重新焕发了激情，也让我燃起了斗志，在学科课程专家和指导教师的引领下，积极开展学科教学案例分析和问题探讨，有了信息专家的专业引领，我解决了教学中的实际问题……

这次培训大大拓宽了我的视野。通过这十天的培训，我发现了自身视野之局限，信息培训使我进一步明白了新课程背景下的教师不再扮演"传道、授业、解惑"的单一角色，而应更多扮演"组织者""指导者""开发者""协作者""参与者""学习者"等多元角色……

通过学习，我茅塞顿开。我深深感觉到，教师要与时代同行，信息要先行。通过学习，我的思维方式与思想方法都得到了转换，立足课堂，更要体现时代性和社会性……

王值军执教30年来，写的培训心得多达3万字。那一篇篇培训心得，书写的是培训体会，记录的是王值军的教学成长之路。

考上江南大学

在教学教研过程中，王值军发现自己虽然教学经验丰富，但教学理念有点儿落后，教学理论知识更是不足。他认为自己急需补充知识，于是一直埋藏在心中的大学梦再一次萌发了。经过了解，王值军发现想要在不影响工作的前提下上大学，就只能参加成人高考。成人高考的考试科目有语数外三门，王值军心想：
"语文我没什么问题，数学科目复习复习也能拿下，我数学底子好，在蒲圻师范学校时还曾参加过奥数比赛呢，复习一下问题不大，只有英语，这么多年一直只熟悉小学阶段的内容，得好好学一下。努力一把，应该能考上大学。"

下定决心以后，王值军便充分利用空闲时间努力学习，在2018年9月成功考入咸宁职业技术学院小学教育专业，并于2020年6月顺利毕业。在咸宁职业技术学院学习期间，同学之间的相互帮助，授课老师的倾囊教授，让王值军再一次认识到学习的重要性，认识到学海无涯的真正含义，已经拿到大专学历的他并不满足，打算再进一步，拿到本科的学历。

这一次，王值军将目标投向江南大学。江南大学，位于江苏省无锡市，是教育部直属、国家"211工程"重点建设高校和"双一流"建设高校。虽然王值军很向往江南大学，但他有点儿不自信，得知同事汪大哥的儿子轩轩在江南大学就读之后，就向他询问江南大学的情况。

"轩轩，我听你爸爸说你在江南大学上学啊，那可是个好学校，你爸妈以后有福气呢！"王值军感叹道。

"哪有，王老师，我就是报志愿的时候运气好了点儿。"轩轩腼腆地说。

"做人不能太谦虚啊，太过谦虚不好找女朋友啊！"王值军端详着眼前这个自己看着长大的孩子不禁打趣道，接着又说："轩轩啊，王老师这次来主要是有个事情想找你帮忙呢。"

"王老师，您有什么事情直接说就好，我肯定认真去办！"轩轩没想到这个自己向来尊敬的长辈竟然有事儿需要自己帮忙，虽然有点儿意外，但他很乐意尽自己的绵薄之力。

"轩轩啊，王老师想让你帮我介绍一下江南大学，王老师最近总是觉得自己学得还不够，比如教育能力、多媒体技术掌握能力都有点儿不足，所以想提升一下自己，江南大学是王老师一直以来的梦想，所以想请你帮我介绍一下江南大学的情况，顺便看看王老师进入江南大学读书有没有戏。"王值军一脸和蔼地说着。

"王老师，我太佩服您了，您这热爱学习的精神值得我学习，您就是我的榜样，您稍等，我现在就帮您查，您肯定是能考上江南大学的！"轩轩激动地说。

在轩轩的帮忙下，王值军知道江南大学的教育技术学这个专业很适合自己，而且只需要在暑假期间学习考试，这样可以不耽误工作。另外，进入江南大学的教育技术学专业只需要参加政治、英语和教育理论三门考试，所以自己可以一试。在王值军的不断努力下，他终于在2020年9月考入了江南大学教育技术学专业。

"生命不息，奋斗不止，学习不停，梦想不断。"王值军如是说。

特殊时期的在线教学

2020年伊始，突如其来的新型冠状病毒使整个世界都仿佛被按下了暂停键。尺冲小学正位于湖北省崇阳县，是更需要加强防护的地方。孩子们在老师的安排下安全回家，等待开学通知，教师们也暂停工作在家办公。为了不耽误学生的学习，教育部门发布"停课不停学"的通知，并要求全面开展在线教学活动，王值军积极响应。但对于库区的教学而言，这显然不是一件容易的事情。

首先，学生全部居家学习，教师与学生在线交流。这种新颖的教学模式对于师生来说都是第一次尝试。与线下面对面教学不同，教师与学生"云交流"，不容易调动学生学习的积极性，而居家学习的学生缺乏在校的学习氛围，难以聚精会神，往往不能达到既定的教学目标。

其次，在线教学所需要的手机、电脑等智能化设备，它们的购买对于库区的家庭来说是很大的负担，有很多留守儿童的家里只有老人，家中没有这些智能设备，还有一些地区发展滞后，尚未通网，信息交流不畅，线上学习更是困难重重。除了提供基本的硬件设施外，家长们还需要为学生创造良好的学习环境，但库区家庭条件有限，很难保障学生有独立的学习空间。

再者，在线上学习，孩子没有老师的约束，难免会走神，有的自制力差的学生甚至用电子设备玩游戏、看短视频，老师难以实时监测到学生真实的学习情况，往往需要家长配合监管。但库区学校学生家长的文化程度普遍较低，教学理念也较为保守落后，在望子成龙的思想和"玉不琢不成器"观念的深刻影响下，家长们往往会采取简单粗暴的方式来解决孩子学习不认真、上课开小差的问题。有的家长因长时间的压抑，会言辞激烈、情绪失控，甚至动手打孩子；还有的家长则完全放任，任由孩子玩儿，自己当个"甩手掌柜"。这些行为往往会使亲子关系变得格外紧张，不仅导致学生学习效率低下，产生厌学情绪，更会影响学生的家庭和睦，造成家庭成员之间关系紧张。

面对上述种种情况，王值军坚持实事求是，因地制宜，全方位、多层次、多角度地解决各种难题。他首先帮助学生解决的便是硬件设备问题，个别学生家庭经济困难，无力购买线上学习所用的智能设备，王值军便想方设法给学生找设备，更是将自己的两部旧手机和备用手机都送给学生使用，保证学生能够按时上网课。有的孩子比较调皮，上课不认真，王值军就一遍又一遍地提示、强调学习重点，还通过开线上家长会的方式与家长们进行交流，他说："开展在线教学，需要教师、家长、学生三方面的全力配合，只有这样才能达到一个理想的目标。学生在自主学习的过程中，如果出现消极厌学的情绪，家长应及时发现并予以疏导，必要时应当给予特殊的关注，对其加以约束和管制。"他还强调："这个时期，孩子的心是浮躁的，家长的心是焦躁的，但教师的心必须是坚定、坚强的，我们静得下来，学生才能定得下来。"在他的努力和家长的协助下，学生们既保证了听课的质量，又兼顾了复习和作业，事半功倍。当时曾经遇到了这样的难题，尺冲村个别地方网络信号覆盖不到，有四名学生无法参与在线教学，但这难不倒王值军。他积极主动加入尺冲村五组志愿者团队，每天利用中午和晚上的空闲时间，到学生家中给孩子补习当天课程。同时，在条件允许的情况下，王值军也会尽可能到其他学生家中，为学生面对面授课，以弥补线上教学的缺陷。尽管他每天需要工作十个小时以上才能完成各项工作任务，但是他从没有过怨言。

2020年整个春季，为了让尺冲小学的25个孩子都高质量地完成学习任务，王值军没有休息一天。他，不知疲倦且甘之如饴。

扫码解锁

◉群英颂歌◉责任担当
◉扎根基层◉奋斗底色

 第五章　守得云开见月明

扫码解锁

◉群英颂歌◉责任担当
◉扎根基层◉奋斗底色

学生"反哺"

王值军向来善良，他知道库区有很多孩子家庭困难上不起学，于是便尽自己所能，坚持资助生活困难的学生。从他执教开始，他对学生的资助就基本没有间断过：1998—2004年他资助了王红艳，2006—2012年他资助了沈阳、沈依两姐妹，2015—2019年他资助了廖熠涵、廖思雨两个学生，2020—2022年他资助了廖小雨、廖紫怡两个学生。在王值军的帮助下，这些学生顺利地完成了学业，有更多学习新知识的机会，也为他们走出大山夯实了基础。

王红艳便是一个很好的例子。王红艳是王值军的学生，2004年，在王值军的帮助下，她顺利读完了小学。后来，她又读了中学、大学。2018年，王红艳小学毕业后的第14年，她辗转联系上了王值军，知道自己的恩师目前在尺冲小学教书，联想到自己当初经历过的种种艰辛，便决定回报王老师，回馈社会。很快，她带着自己的孩子和爱人以及苏州紫砂壶厂的慈善人士来到尺冲小学。他们为尺冲小学送来了价值2万多元的学习用品和日常生活用品，如本子、铅笔、画笔、衣服、鞋子、书包等；同时还为当时学校的十户特困家庭送去了价值2万多的日常生活用品，如大米、食用油、衣服等。这次捐赠活动在给孩子们提供了一定物质帮助的同时，也让他们看到了学姐的成功，更让他们切身体会到实现梦想的快乐，对于他们来说意义非凡。

临走之际，王红艳情真意切地对王值军说："王老师，谢谢您当年对我的帮助和支持。如果没有您，我根本无法顺利地完成自己的小学学业，更别说进入初中、考上大学，用知识改变自己的命运和改善我父母的生活及居住环境了。谢谢您当时的无私付出和默默奉献，您辛苦了！如今我只能尽自己一点微薄之力帮助家乡的孩子们，希望他们也能闯出一番天地。"

听完这番话，王值军眼圈一红，他不好意思在学生面前落泪，只能紧握王红艳的双手不断说着感谢的话。接着对孩子们说："同学们，这是你们的学姐，是我们学校的骄傲，也是你们学习的榜样。山里生活艰苦，教学水平落后，但是你们的学姐不畏困难，靠着自己的努力走出去了，这种不断拼搏的精神正是我们学校所追求的！更难能可贵的是，你们的学姐还记得回来的路。同学们，今天你们的学姐站在这里，难道只是为了帮你们摆脱暂时的贫困吗？难道仅是感谢我们的家乡养育了她吗？不！你们的王学姐站在这里是想告诉你们，家乡很穷，但咱们不能不爱！生活贫困，但人穷志气不能短！她也想告诉你们，困难是暂

⊙ 王值军和高年级学生一起打篮球

时的，未来是美好的，我命由我不由天，每个人都有追逐梦想的权利，更有实现梦想的机会！同学们，我们需要继续努力啊！加油，同学们，未来是属于你们的！"

听着王老师的教导，同学们不由得热血澎湃，高呼"加油！加油！加油！"伴随着孩子们的呼喊声，王值军仿佛看到了自己刚工作时候的场景：牛棚改造的土坏房里，一个略显稚嫩的青年站在讲台上拿着粉笔在斑驳的黑板上写着什么，讲台下面的几个孩子模仿青年粉笔的笔迹一笔一画地在本子上书写着，青年回头看着孩子们那认真的模样，执着的神情，默默地对自己说：留下来。

王值军不禁又问自己，当初究竟为什么留下来呢？是为了那句"谢谢"，还是为了今天桃李满园的成就，抑或是为了不辜负那一个个充满求知欲的小少年？王值军心里没有答案，他唯一知道的是：此举，无悔；此生，无憾！

慈善机构捐赠物资

20多年来，王值军让一个只有800多村民、几乎没有初中生的库区深处的小山村，走出了近50名大学生，这不能不说是一个奇迹。正是因为王值军的付出和坚守，正是因为他把书本搬进库区，本着让孩子们走出去的目标，在库区挥洒着汗水，播种爱的希望、播撒知识的种子。几十载光阴似箭，在别人看来，王值军作为一名乡村小学教师，他的付出或许是因为他真的热爱这片土地，他之所以能够在这片物质贫瘠的土地上奉献自己的青春、挥洒自己的汗水，是因为他有着对教育事业诚挚的爱。但是，在从教路上、在无数个坚守的日夜，其中艰辛只有他自己才清楚。好在王值军的坚守是有意义的。

在他的苦苦坚守下，库区教学点被越来越多的人了解，教学条件得到了极大的改善。在他的无私奉献中，越来越多的慈善机构关注到库区的孩子们，给孩子们捐钱捐物。

2022年5月2日上午，王值军十分兴奋，一大早他就开车来到崇阳西高速路口，原来他是来等待慈善机构捐献的物资。在他的殷切期盼中，满载着教育物资的货车终于缓缓驶来，看着这些东西，王值军高兴得合不拢嘴，他一边说着感谢的话，一边引领货车向学校驶去。到了学校以后，他又迫不及待地组织大家帮忙搬运物品，嘴里还时不时地嘱咐道："师傅，当心点儿！""别急，慢慢搬，别磕坏了！""这个我来，您歇一会儿。"他恨不得亲力亲为，亲自搬运，生怕这些东西有所损坏。他一边组织人员搬运，一边在心里默默念叨着："夏天就要到了，这些东西来得正是时候，孩子们夏天的衣服不用买了，每人两件衣服，一双鞋子，正好能度过这个夏天。还有一些文具用品来得也很及时，班里很多孩子的文具都用旧了，正好可以给孩子们发新的，每人一套还有剩余，可以留着备用或者用来当作奖励品。刚才搬运的师傅说还有乐高积木等玩具，学校里的很多孩子还没有见过这些玩具呢，听说这些玩具能启发学生的思维，有一定的益智作用，正好可以发给那几个智力发育稍有迟缓的学生。这些爱心物资可都是社会上的好心人捐给孩子们的，价值10万元呢，一定得发到每一个孩子的手上，必须做到物尽其用！对了，还得开一次爱心班会，要让学生们学会感恩！"

当天下午，王值军就迫不及待地组织学校的孩子们领取物品，在王值军的指挥下，孩子们有条不紊地拿到了属于自己的物品。年仅5岁多，还在读学前班的李语泽拿着老师发的鞋子，高兴地说："我们的鞋子好漂亮，比妈妈买的还要好！"

"是啊，是啊，正好我的书包坏了呢，老师给我发的这个书包款式我都没见过，真好看！"

"对啊，对啊，老师还给我发了一套乐高玩具呢，我也没见过，一会儿下课我们一起玩儿吧！"学生们七嘴八舌地讨论着自己手中的物品，没有人觉得分配不公，也没有人觉得自己手中的物品不合适，因为王值军足够了解他们，给每个学生发放的都是他们个人最需要的物品。看到兴奋的孩子们，王值军内心激动不已，表面却佯装淡定，他不禁敲打孩子们，说："老师知道你们都很喜欢新衣服、新鞋子、新文具，还有新玩具，但一定要珍惜，要好好使用，之前的旧衣服、玩具等，如果没有损坏，也不能随便扔掉，一定要学会节俭。还有，今天你们收到的所有物品都来自社会上的爱心人士，以后我们有能力了，也一定也要帮助他人。要学会赠人玫瑰，手有余香！知道吗？"听着王老师的教导，学生们高声承诺道："知道了，我们以后也要做有爱心的人！"

爱是一种传承，在王值军的教导下，相信每一个孩子都会成为善良、有爱心的人。

感染年轻人回乡任教

在王值军的带领下，渐渐地，尺冲小学已经颇具规模，再也不是当初那个没老师、没学生、没条件的"三没"学校了。可王值军显然不满足当下的成绩，他希望尺冲小学能够百尺竿头，更进一步。

库区的发展关键是人的发展，这就要求教学点必须要有一支素质高、专业强的教师队伍，库区小学迫切需要新鲜血液的注入。庆幸的是王值军几十年坚守库区的事迹感动了许多热爱教育的人，激励着许多对祖国大地充满热爱的青年人，大大降低了王值军聘请教师的难度。

当然，在找新教师上，王值军也有自己的"小九九"。他说："以前交通闭塞，大山里的资源得不到很好的利用，我一心希望把每一位孩子送出深山，告别贫困，让他们在更广阔的天空翱翔。但现在，道路逐渐平坦，交通愈加便利，学校的基础设施逐渐完善，教学环境得到了极大的改善，生活水平有了很大的提升，家乡的特色产业也有了发展，学生也开始回流，若是有学子学成归来，那对库区来说无疑是一件好事。"于是，为了找到新老师，王值军每到暑假就会进行全村大走访，走访从库区学校毕业的大学生们，动员这些大学生报考家乡的教师岗位，鼓励他们回乡教书，为自己的母校、家乡贡献力量。

王思是王值军的学生，他为人勤奋刻苦，学习成绩优异，是从库区走出去的大学生之一。"因为自己淋过雨，所以想为别人撑把伞"，他在大学毕业后，毅然决然地回到了母校，一边教书，一边考取教师资格，希望能让更多的孩子走出大山，去看看外面的世界。他的到来对王值军来说是莫大的惊喜，王值军对这个自己曾经的学生、现在的同事很关爱，他一方面尽力减少王思的工作压力，让他有时间备考，另一方面也手把手地教王思，提升他的教学能力。终于，在库区工作的5年时间里，王思不仅教学成绩优良，还考取了教师资格证并且成为一名正式的小学教师，师生二人还共同发表了十余篇教学论文，如《家校共育：建设新时代》《小数数学启发式的应用》等，既提高了自己的理论水平，又提升了尺冲小学的教学水平。

张艳也是王值军的学生，她在王值军的影响下，也成为库区教学点教师中的一员。2022年春节，张艳回老家探亲，王值军知晓这个消息后便来到张艳家里进行走访。

"小艳，王老师没记错的话，今年是不是就要大学毕业了？"王值军问。

"是的，王老师，我现在是大四学生，已经开始实习了。"张艳回答。

"那毕业以后有什么安排吗？想不想当老师啊？"王值军接着问道。

"是的，王老师，我想当老师，我希望自己以后能成为像您一样照顾学生、爱护学生的好老师。"此时的张艳并没有体会到王老师的真实意图。

"那你有没有想过回到家乡的学校当老师啊？"王值军循循善诱道。

"王老师，您的意思是来库区的学校当老师吗？"张艳有些疑惑。

"对，咱们库区小学现在有了一定的规模，但与城市的学校相比，还有一定的差距，尤其在师资力量上。咱们这边条件艰苦，外地的老师都不愿意来，就算来了大多数也待不久，所以老师希望你能够回到咱们库区的学校教书。这样能让家乡的孩子们得到更好的教育。"王值军深情地说。

王值军的劝说让张艳热血沸腾，她想到自己小时候求学的艰辛，想到王老师这一路以来的帮扶，想到村里孩子们可爱的脸庞，想到家乡现在的新风貌，她决定回家，回到库区小学，回到那个自己梦想开始的地方，去为更多的孩子编织梦想，为家乡的发展贡献力量。

张艳本就是一个品学兼优的学生，她很快就融入了自己熟悉的环境，适应了自己的教师身份。在王值军的帮助下，她在完成教学任务之余，通过讲公开课、示范课，参加教师教学技能大赛等活动来提升自己的教学能力。当然，她也不辜负王值军的期望，一路过关斩将，为学校争得多项荣誉……

王值军看到自己的学生学成归来，造福家乡，十分欣慰，他说："我一共资助了十几个学生，回来了6个，都当了老师。"他们的回归，对于王值军来说是一种爱与希望的传承，让他无比自豪；对于库区学校来说，更是一次重大的变革，他们为库区学校带来了新的教学理念和教学方法，让库区学校的教学质量跨上一个新台阶！

王值军扎根库区教学一线的事迹引起了很多人的关注，在湖北省教育厅的支持下，楚天都市报、极目新闻联合湖北省教育基金会共同主办的"寻访荆楚好老师"大型公益活动就重点讲述了王值军在库区默默坚守、无私奉献的故事。王值军在库区坚守的故事感动了荆楚大地，他也因此先后获得了湖北省五一劳动奖章、全国五一劳动奖章，以及"湖北省十佳师德标兵""荆楚楷模""荆楚好老师"等荣誉称号。

荣获五一劳动奖章

你的努力，总会有人看得见。

2022年5月1日，对于王值军来说是难忘的一天。这天，中华全国总工会授予王值军2022年全国五一劳动奖章，遗憾的是王值军没能亲自到场参加表彰大会，但他仍为这次表彰大会做了充分的准备，他说：

> 因为特殊原因，很遗憾没能参加全国五一劳动奖章的表彰大会。但省里的领导亲自到库区给我颁奖，让我内心激动不已。我深知自己与"劳模"这一光荣称号还相差甚远，愧不敢当！我深深知道这是领导和同事们给我的至高荣誉，也是对我提出的更高要求！教书是我儿时的梦想，在我童年的

⊙ 2022年8月，王值军被评为湖北省特级教师

时候，我对教师这个职业很向往，我的每一个第一志愿填报的都是师范院校。当时的我是因为羡慕教师能站在讲台上指点江山激扬文字，而产生了自己要当一名教师的想法。1995年毕业至今整整27年。在这27年里，我没有后悔当初的选择，依然坚守在三尺讲台上！

勤奋是我前进的动力。因为勤奋我挺过了一道道难关，我出色地站在库区的讲台上，让我面对学生也多了几分自信。从1995年到现在快30年的时间里，我把我人生中最美好的时光留在了库区，我可以自豪地说，我是一个真正的库区人！

责任，立身之本。责任心，是做人的本分。在孩子成长最重要的启蒙阶段，在他们一生中重要的一个转折点上，大部分家长把希望寄托在老师身上！我们做好教书育人的工作，既是对学生负责，也是对自己负责。

从今以后我将以更高的标准要求自己。为党的教育事业奋斗终身。

王值军从不在乎所谓的"劳模""荆楚楷模"等光荣称号，在他看来，乡亲们的一句"崽崽，你真棒"、学生们的一句"王老师，您真好"胜过千言万语。万千荣誉也不过是过眼云烟，做一名优秀的人民教师才是王值军永远的追求。